Adel vom Feinsten

Ilse Gräfin von Bredow

Adel vom Feinsten

Scherz

www.fischerverlage.de

2. Auflage 2006
Erschienen im Scherz Verlag,
einem Unternehmen der
S. Fischer Verlag GmbH, Frankfurt am Main

Lektorat: Hiltgunt Grabler
Satz: Dörlemann Satz, Lemförde
Druck und Bindung: Ebner & Spiegel, Ulm
Printed in Germany

ISBN-13: 978-3-502-11006-4
ISBN-10: 3-502-11006-9

Inhalt

Adel vom Feinsten

Bei den meisten Heimbewohnern lassen sich Besucher so gut wie nicht mehr blicken. Ich bin da eher eine Ausnahme. Dafür erscheint meine Familie meist im Rudel, was mich jedes Mal in Schwierigkeiten bringt, weil ich zu wenig Vasen und Stühle habe. Am liebsten unterhalten sie sich lebhaft untereinander. Ihre Lieblingsthemen sind Politik und Reisen. Wenn man ihnen so zuhört, hat man das Gefühl, sie sind nur unterwegs, egal, welcher Altersklasse sie angehören. Ja, sogar meine neugeborene Urgroßnichte kennt schon die Strände von Teneriffa und anderen Sonneninseln. Manchmal kommt es mir so vor, als wären sie nur zurückgekehrt, um sofort wieder zu neuen Zielen aufzubrechen. Doch das, was sie zu berichten wissen, gleicht sich wie ein Ei dem anderen: Flug verpasst, Flugzeug überbucht, Koffer nicht mitbekommen, in glühender Hitze oder eisiger Kälte, strömendem Regen, Schneeschauern irgendwo herumgestanden oder durch die Gegend gehetzt. Ihr Lieblingswort ist »unglaublich«: Das Wetter war un-

glaublich schön und das Hotel unglaublich voll. Gelegentlich unterbrechen sie das Gespräch, lächeln mich an und sagen: »Richtig gut siehst du heute aus, Tantchen.« Aber meine klugen Worte, die ich zu diesem oder jenem Thema zu sagen habe, stoßen auf taube Ohren. Manchmal steht jemand auf und inspiziert mit gerunzelter Stirn mein kleines Apartment, stellt fest, dass der Wasserhahn noch immer tropft, die Jalousie klemmt und das Fenster sich schwer schließen lässt. Man sollte wirklich mal mit der Heimleitung sprechen. Danach, wie auf Kommando, sehen sie alle auf ihre Uhren, teilen sich gegenseitig mit, dass es erstaunlich spät ist, und versichern mir, dass sie bald wiederkommen werden. Es ist ihnen anzumerken, dass sie ebenso stolz darauf sind, diesen langweiligen Besuch bei einer Zweiundneunzigjährigen pflichtgemäß absolviert, wie erleichtert, ihn hinter sich gebracht zu haben. Beim Abschied weisen sie mehrmals darauf hin, dass es schließlich ein Telefon gibt und ein Handy.

»Du weißt doch, einfach anrufen, wenn du uns brauchst.« Ich nicke freundlich und überlege bereits, welche Schwester ich mit der mitgebrachten Schokolade beglücken soll, die angeblich zu meiner Lieblingssorte gehört und die ich schon als Kind nicht mochte.

Schließlich weiß ich, dass ich frühestens wieder in einem Monat mit einem Besuch rechnen kann, auch von denen, die in derselben Stadt wohnen. Bin ich gekränkt, fühle ich mich lieblos behandelt, weggestellt, ausrangiert, worüber meine Mitbewohner oft klagen? Keineswegs. Meine Familie nämlich ist mir überraschenderweise, ganz plötzlich sozusagen, in den Schoß gefallen. Die längste Strecke meines Lebens habe ich von ihrer Existenz nichts gewusst, denn ich kenne sie erst seit gut sechs Jahren. Sie haben mich entdeckt und mich mit großer Herzlichkeit willkommen geheißen. Trotzdem, nicht nur Familiensinn und Verantwortung gegenüber den Altgewordenen sind hier lobend zu erwähnen, schließlich haben beide Teile ihren Nutzen davon. Allerdings kommen mir immer noch leichte Zweifel, auch wenn sie mir noch so eifrig ihre Stammbäume gezeigt haben, ob wir wirklich vom selben Blut sind. Ich für meine Person kann mich nur ganz dunkel an einen Onkel erinnern, der, schon bevor ich noch das kleine Einmaleins konnte, abhanden gekommen war und von meinen Eltern kaum erwähnt wurde.

Zunächst war es nur ein Ehepaar, das mich entdeckte. Inzwischen sind immer neue Familienmitglieder dazugestoßen. Es sind fast nur sehr betuchte Leute, Anwälte, Makler und Ma-

nager. Ich habe so viel Tüchtigkeit nur wenig entgegenzusetzen. Mein Lebensstandard ist mehr als bescheiden, aber dank einer kleinen Rente und des gesparten Lastenausgleichs komme ich ganz gut über die Runden. Die bohrende Frage einer neuen, karrierebesessenen, etwa dreißigjährigen Großnichte, der einerseits der Beruf alles bedeutet, die aber andererseits unbedingt ihren biologischen Auftrag, wie sie es nennt, nämlich ein Kind zu bekommen, erfüllen möchte: »Tantchen, was hast du denn eigentlich beruflich so gemacht?«, beantworte ich regelmäßig etwas verschwommen: »Ich war in der Filmbranche beschäftigt.« Dann versuche ich schnell, das Thema zu wechseln, was mir wohlwollende Blicke von den Jüngeren einbringt, denen es wirklich ziemlich schnurz ist, was eine Zweiundneunzigjährige für eine Berufsausbildung hatte, mit der es in der Tat auch nicht weit her war. Grundsätzlich bin ich von Herren, die mich in gewissen Zeiträumen begleiteten, über Wasser gehalten worden. Sie heirateten mich zwar nicht, versorgten mich aber doch recht großzügig. Leider bin ich nach meinem Vater geraten und habe seine Devise übernommen: »Geld gehört nicht unters Kopfkissen und nicht auf eine Bank, sondern ist dazu da, um ausgegeben zu werden.« Aber, wie meine Mutter immer sagte: »Es kommt

wie's kommt und immer anders, vor allem bei uns.«

Auf mich trifft diese Wahrheit hundertprozentig zu. Welche Fünfundachtzigjährige hätte es je für möglich gehalten, plötzlich noch in eine Familie aufgenommen zu werden, wenn selbst die Sechzigjährigen nichts mehr fürchten als, die Alten könnten einem zu sehr auf die Pelle rücken.

Diese unerwartete Wendung von einer alleinstehenden, verwandtschaftslosen Seniorin zum begehrten Familienmitglied verdanke ich allein der Putzfrau in unserem Stift. Sie ist eine Landsmännin von mir und lässt nicht, wie die anderen Heimbewohner, ihre Zunge über den spitzen Stein stolpern. Und so hat sie neben ihrem Putzen auch stets ein sorgendes Auge auf mich und hilft mir, wo sie kann. Ihre zweite Putzstelle einmal in der Woche hat sie in der Villa eines Schönheitschirurgen, und die Dame des Hauses tauscht mit ihr hin und wieder diese und jene Vertraulichkeit aus. Als meine Landsmännin eines Tages erfuhr, dass die Eltern ihrer Arbeitgeberin ebenfalls aus Schlesien stammen und dort ein Gut besessen haben sollen, erwähnte sie auch meinen Namen. Die Ehefrau reagierte wie elektrisiert. Sie hat denselben Mädchennamen wie ich, allerdings ohne den dekorativen Titel,

sodass meine Verwandte leider nur eine Gewisse und keine Geborene ist. Dummerweise hatten ihre Ahnen aus nichtigen Gründen, ohne an ihren Nachwuchs zu denken, auf den Adel verzichtet. »Sonst«, sagte die Putzfrau zu mir, »wäre sie eine Prinzessin wie Sie.«

»Na ja«, sagte ich, »es kommt wie's kommt. Dafür ist sie finanziell besser gestellt. Und mit einem Schönheitschirurgen kann man sich überall blicken lassen.«

Meine Namensverwandte schien diese Meinung nur halb zu teilen. Jedenfalls ging ein paar Tage später das Telefon, und sie fragte mich respektvoll, ob ich nicht Lust hätte, sie zu besuchen. Sie würde mich jedenfalls sehr gern einmal kennenlernen, und man könnte die verwandtschaftlichen Beziehungen, die ja ohne Zweifel bestünden, wieder aufleben lassen, sozusagen ein wenig Ahnenforschung betreiben. Selbstverständlich werde sie mich abholen.

Sie brauchte mich nicht lange zu bitten. Mein Freundeskreis schrumpft schon seit Jahren durch Krankheit, Tod und Wohnungswechsel mehr und mehr. Manchmal telefoniere ich noch mit einer Gleichaltrigen, wobei das Gespräch unweigerlich auf all die kleinen Unpässlichkeiten kommt, die wir nun mal in Kauf nehmen müssen. Zwar gibt sich die Heimleitung Mühe, uns

mit kulturellen Nachmittagen, Vorträgen und Ausflügen ein wenig aufzumöbeln, aber ich oberflächlicher Mensch kann dem nur wenig abgewinnen und hocke mich lieber vor den Fernseher. Die belebende Wirkung männlicher Heimbewohner gibt es schon lange nicht mehr. Bis auf zwei sind sie nur noch auf dem Friedhof zu finden. Mit den beiden Übriggebliebenen, zwei mürrischen Junggesellen, ist nicht viel Staat zu machen. Der eine schimpft ständig halblaut vor sich hin, dass ihn das Schicksal zwischen lauter alte Frauen verbannt habe, das Grässlichste, was man sich vorstellen könne, und der andere schleicht wie ein Gespenst umher, löffelt in rasender Eile das Essen in sich hinein und wird dann bis zum Abend nicht mehr gesehen. Bei meinem Einzug ins Heim fand mein Titel zunächst noch einige Beachtung, aber alles nutzt sich ab, auch das Exotische, und nun ist es Schwestern wie Mitbewohnern ziemlich egal, dass ich eine Prinzessin bin.

Kein Wunder also, dass ich diesem interessanten Nachmittag mit der Gattin des Schönheitschirurgen geradezu entgegenfieberte. Ich wurde nicht enttäuscht. Man war außerordentlich um mich bemüht und konnte nicht genug von meinen Kindheitserinnerungen hören, sodass ich leider der Untugend vieler alter Menschen er-

lag, die, wenn man sie überhaupt erst zu Worte kommen lässt, nicht mehr aufhören können. So redete auch ich ohne Punkt und Komma, wobei ich natürlich, wie es den Erwartungen des Ehepaares entsprach, das Ganze ein wenig schönte und glättete.

Es stimmt schon, ich bin in einem Schloss mit allem Drum und Dran aufgewachsen. Auch bei uns gab es die inzwischen sagenumwobenen Kinderfräuleins, Mademoiselles und den Diener, wenn auch nur zeitweise und nur dann, wenn nicht gerade der Pleitegeier über uns kreiste. Kein Wunder bei der Devise meines Vaters, der nicht nur in Gelddingen das war, was man früher einen Bruder Leichtfuß nannte. Und so ging es finanziell dauernd auf und ab. Glücklicherweise besaß er das große Talent, Menschen einzuwickeln, ihnen das Blaue vom Himmel zu versprechen und so Geld zu entlocken. Und obgleich die Geprellten ihre gesamte Umgebung vor ihm warnten, fand er immer wieder neue Opfer.

Mein Vater war eigentlich Österreicher, ein aus vielen Nationalitäten der Donaumonarchie zusammengebackener Adliger, und wurde deshalb von den preußischen Nachbarn etwas misstrauisch betrachtet. Für sie war er ein halber Zigeuner, wenn auch ein prinzliger, sodass sich der

gesellschaftliche Verkehr nicht ganz vermeiden ließ. Er war immer guter Laune, für jedes Späßchen zu haben, aber ständig unterwegs, um neue Geldquellen zu erschließen, wobei auf seinen Reisen auch die Amouren nicht zu kurz kamen. Meine Mutter war das Gegenteil von ihm, ein eher indolenter, ziemlich molliger Mensch, der am liebsten, wie Madame Récamier, seine Zeit auf dem Sofa verbrachte und das Personal selbständig schalten und walten ließ, was sie recht beliebt machte. Die Eskapaden meines Vaters übersah sie souverän. Wenn er es zu arg trieb und andere Ehefrauen ihr schadenfroh beim Diner zuzwitscherten: »Ich hab auf der Grünen Woche Ihre Kusine kennengelernt. Wirklich eine reizende Person«, bekam sie die berühmte Migräne und zog sich in ihr verdunkeltes Zimmer zurück. Aber im Großen und Ganzen war sie ein gleichmütiger Mensch, dem Hysterie fern lag, der allerdings auch vor Mutterglück nicht gerade überschwappte. Freundlich hörte sie sich meine von merkwürdigen Phantasien gespickten Geschichten an, die ich ihr mit verschwörerischer Stimme vortrug, um dann nach einer Weile zu sagen: »Nun gehst du wohl am besten wieder in dein Kinderzimmer«, was ich ohne Murren tat, denn dort war immer etwas los, weil sich die Nanna und die Mademoiselle häufig

meinetwegen in die Haare bekamen. Während die Nanna mehr fürs Praktische war und mich wie einen Eskimo einmummelte, immer in der Angst, ich könnte mich erkälten, machte die Mademoiselle gern aus mir einen Zieraffen mit offenem Haar, Spangenschuhen und festlichen Kleidchen. Die beiden gaben mir in ihrer Fürsorge Selbstbestätigung genug.

Manchmal, wenn ich früh noch verschlafen durch die Gänge des Schlosses trottete, fiel mir auf, dass ich niemandem begegnete, und auch die Mademoiselle war wie vom Erdboden verschwunden. »Wo sind sie denn geblieben?«, fragte ich dann die Nanna.

»Weg«, sagte sie mürrisch.

»Alle?«, fragte ich.

Sie nickte, und das bezog sich auch auf Kutscher, Reitpferde und Gärtner. Die Landwirtschaft selbst war schon längst verpachtet.

Das Schloss sah einige Zeit mit ungeputzten Fenstern grämlich auf den verwilderten Rasen und das zwischen den Steinen wuchernde Unkraut, während das Mittagessen von einem tapsigen Küchenmädchen zubereitet wurde, das, den Daumen in der Soßenschüssel, durch den Speisesaal trabte und auch servierte. Mutter trug es mit Fassung. »Es kommt wie's kommt«, sagte sie, »und bei uns immer anders.« Das stimmte.

Vater war auch hier seiner Zeit voraus, kündigte seinen Leuten nicht direkt, sondern gab ihnen einen längeren unbezahlten Urlaub. Das Personal nahm es ohne Murren hin. Es war sowieso schon reichlich klapprig und wäre kaum woanders noch in Lohn und Brot gekommen, zumal es ziemlich sicher sein konnte, dass, sobald mein Vater wieder gut bei Kasse war, die Gehälter rückwirkend gezahlt wurden. Nur die Nanna blieb, ob mit oder ohne Bezahlung, und schwang, »Zigeunerwirtschaft« vor sich hinmurmelnd, mit dem Küchenmädchen den Kochlöffel.

Unsere Nachbarn, die sich arm, aber redlich mit der Landwirtschaft abplagten und sich von den Früchten des Feldes ernähren mussten, fanden unsere Lebensweise jeder Beschreibung spottend, konnten aber nicht umhin, meinen Vater zu den Jagden einzuladen, weil er zu den besten Schützen im Lande zählte und die Damen nicht auf seine Unterhaltung verzichten wollten. Dabei war er alles andere als ein Adonis. Er lief mehr unter der Bezeichnung »klein, dick und schick«. Auch überragte ihn meine Mutter um Haupteslänge.

Sehr zum Missvergnügen der Nachbarn gelang es ihm jedes Mal, wieder auf die Beine zu fallen, ja, sogar in den schwierigen Zeiten nach

dem Ersten Weltkrieg, obwohl man ja von ihm nun wirklich nicht sagen konnte, er verdiene sein Brot im Schweiße seines Angesichtes. Während viele Standesgenossen sich als Eintänzer, Vertreter oder bestenfalls als Frühstücksdirektoren durchs Leben schlagen mussten, lebten ausgerechnet wir in Saus und Braus, obwohl wir keinesfalls zu den vielgeschmähten Kriegsgewinnlern gehörten. Eine uns bis dahin völlig unbekannte, in Amerika verheiratet gewesene Verwandte vererbte uns eine Menge Geld, und das in der begehrtesten Währung der Nachkriegszeit, dem Dollar.

Eine Hauslehrerin und eine Mademoiselle brauchte ich Ende der zwanziger Jahre nicht mehr. Mein Vater schickte mich nach Berlin, damit ich dort ein bisschen unter die Leute kam. Nebenbei, aber wirklich nur sehr nebenbei, lernte ich, Porzellan hübsch zu bepinseln. »Der Krug geht so lange zum Brunnen ...«, unkten die Nachbarn, aber er ging doch länger als gedacht, und ich verlebte unbeschwerte, wunderbare zehn Jahre mit vielen netten Herren, zuletzt einem Schweizer, der mich zwar auf kein Schloss, aber in sein großes Hotel am Zürichsee entführen wollte. Er verstand die Welt nicht mehr, als ich ihm, nachdem ich vorher seinen Antrag durchaus wohlwollend aufgenommen

hatte, plötzlich sagte, es sei mir nicht möglich, ihn zu heiraten. Jetzt, wo ein Krieg bevorstehe, könne ich meine Eltern unmöglich allein lassen. Ich müsse sofort nach Deutschland zurück. Leider war mein Freund in manchen Dingen sehr empfindlich und flehte mich keineswegs an, wie ich im Stillen gehofft hatte, es mir noch einmal zu überlegen. Ja, er begleitete mich nicht einmal zum Zug, sondern bestellte mir ein Taxi, was mir zeigte, dass es weniger tiefe Liebe als die Nützlichkeit meines Namens für das Hotel gewesen war, die ihn zu seinem Heiratsantrag veranlasst hatte.

Als ich so unerwartet wieder im Schloss auftauchte, sahen mich meine Eltern an, als wäre ich der Schlossgeist persönlich. Vater war ganz außer sich und rief: »Das heißt sein Glück mit Füßen treten und unseres auch, jetzt, wo der Krieg ausgebrochen ist! Ein bisschen hättest du ja nun wirklich mal an Mama und mich denken können. In so einem Hotel gibt es schließlich viel Platz.«

»Nun lass doch mal«, beschwichtigte Mama gelassen. »Es kommt wie's kommt, und bei uns kommt sowieso immer alles anders.«

Meine Eltern verlor ich bereits in den ersten Kriegsjahren. Meine Mutter starb an einer zu spät entdeckten Bauchspeicheldrüsenentzün-

dung, und Vater geriet in Berlin in einen Bombenangriff. Die Dollars aus Amerika flossen auch nicht mehr. Das Schloss wurde beschlagnahmt und in ein Lazarett umgewandelt. Ich selbst überstand den Krieg trotzdem wesentlich angenehmer als meine kriegsdienstverpflichteten Altersgenossinnen. Ein mir wohlgesonnener Produzent, den ich vor dem Krieg in Berlin kennen gelernt hatte, beschäftigte mich als Komparsin und gab mir gelegentlich kleine Rollen in Filmen, die das deutsche Volk ein wenig aufheitern sollten. In dieser Art Filme gab es noch Herrschaften mit reichlich Personal, und die Hausherrin wurde mit »gnädige Frau« angeredet. Sie spielte ich selbstverständlich nicht. Sie hatte möglichst eine Blondine mit guter Figur zu sein. Ich dagegen war ein kleinwüchsiger zigeunerhafter Typ mit Wuschelhaaren, und meine Reinrassigkeit wurde deshalb gelegentlich bezweifelt. Doch immerhin war ich eine Prinzessin, was man im Dritten Reich trotz des Spruches »Nur die Arbeit adelt« nicht gerade für unflott hielt, und deshalb als Dienstmädchen recht werbewirksam.

»Die Rolle ist Ihnen wirklich wie auf den Leib geschrieben«, lobte mich der Regisseur, denn dank unseres Dieners beherrschte ich das Servieren aus dem Effeff, tänzelte mit voll be-

ladenen Tabletts durchs Zimmer, öffnete im schwarzen Kleidchen mit weißer Schürze und Häubchen den Gästen die Haustür und half ihnen beim Ablegen der Mäntel. Sogar eine Marketenderin im Feldlager durfte ich spielen, und als in einer Drehpause Otto Gebühr als Friedrich der Große gemessen an mir vorüberschritt, war ich noch so in meiner Rolle, dass ich »Guten Morgen, Majestät« hauchte und in einen Hofknicks versank.

Auch nach dem Krieg, als in allen Filmen die Heimatglocken läuteten, Willy Birgel als Gutsherr durch die Gegend galoppierte und überall in den Wäldern schmucke Förster herumstanden, fiel es mir nicht schwer, in diesem Gewerbe wieder ein Plätzchen zu finden, hatten knicksende Dienstmädchen, die fragten: »Wen darf ich den Herrschaften melden?«, doch jetzt wieder Hochkonjunktur. Nur war es nicht mehr Otto Gebühr, dem ich am Lagerfeuer einen Trunk kredenzen durfte, sondern Peter van Eyck, der großen Eindruck auf mich machte, ein Deutschamerikaner, für den mein nun nicht mehr ganz so junges Herz heftig schlug, obwohl er kein einziges privates Wort je mit mir wechselte.

Bedauerlicherweise fällt ja mit zunehmendem Alter die Zeit mehr und mehr in Galopp, und zu

allem Überfluss starb mein Gönner, der Produzent. Auch wurde ich allmählich für die Rolle des kecken Dienstmädchens zu alt und war für das Fach eines Faktotums, das mit donnernder Stimme überall dazwischenredet und seine Meinung kundtut, nicht begabt genug.

Die Konjunktur für Adlige sah in jenen Jahren nicht besonders günstig aus. Als Flüchtlinge überschwemmten sie geradezu den Markt, und die Jüngeren unter ihnen kämpften mit harten Bandagen um die Futterplätze als Frauen von Gutsbesitzern und Firmeninhabern, wobei sie sich der einheimischen Konkurrenz an Tatkraft überlegen zeigten. Ich musste meine Ansprüche, was die Herren betraf, leider mehr und mehr zurückschrauben. Wohl gab es immer noch Betuchte, aber mehr dickbäuchige, gutmütige Geschöpfe, die »Püppchen« zu mir sagten und sich gern im Restaurant, ohne die Hand vor den Mund zu halten, mit dem Zahnstocher bedienten oder sich mit der Gabel die Fingernägel reinigten und über ihre eigenen kräftigen Rülpser herzlich lachten. Zwischendurch arbeitete ich vorübergehend in einer Porzellanfabrik als Malerin, was aber schnell ein Ende fand, weil ich der Abteilungsleiterin zu langsam war. Aber alles in allem kam ich ganz leidlich über die Runden, und mit zunehmendem Alter entwi-

ckelte ich mich zu einer Art Seelsorgerin für Herren in Lebenskrisen, was zwar weniger aufregend, aber auch weniger anstrengend war, weil man während des Klageliedes mit endlosen Strophen nur ab und zu ein: »Du Armer, du hast ja viel durchgemacht« oder ähnliche Belanglosigkeiten einwerfen musste. Von meiner kleinen Rente und den Zinsen aus dem von einem meiner krisengebeutelten Herren für mich angelegten Lastenausgleich konnte ich so leidlich leben. Jedoch zwang mich eine misslungene Knieoperation, meine kleine Wohnung im vierten Stock eines fahrstuhllosen Mietshauses aufzugeben, und so beschloss ich, in ein gerade neu entstandenes Seniorenheim nicht weit von meiner alten Wohnung umzuziehen. Die Umstellung war nicht ganz leicht, aber meine Generation ist sehr auf Flexibilität getrimmt und der Mensch sowieso ein Gewohnheitstier, der einen gewissen vorgeschriebenen Rhythmus dann auch wieder ganz bequem findet.

Jetzt hat sich natürlich einiges geändert. Meine Familie trägt dazu bei, dass ich wieder mehr erlebe, denn Adel ist wieder sehr gefragt, und meine neue Nichte, die Arztfrau, bedauert den voreiligen Entschluss ihrer Ahnen immer häufiger.

Wie gesagt, meine Biographie habe ich etwas

geschönt. Manches ahnen sie vielleicht. Aber so genau will man es dann auch wieder nicht wissen. Das, was ich ihnen wert bin, liegt auf einer anderen Ebene, und mein Vorteil ist, dass ich so gelegentlich unter Leute komme. Eine Prinzessin schmückt nun mal jedes Kaffeekränzchen und macht auf manche reife Patientin, die in der Praxis meines Neffen ihren Körper ein wenig renovieren lassen möchte, Eindruck. Wenn dann während des Informationsgespräches die Schwester hereinkommt und sagt: »Herr Professor, Ihre Durchlaucht ist draußen und würde Sie gern sprechen«, mein Neffe ihr antwortet: »Bestellen Sie meiner Tante, ich stehe gleich zu ihrer Verfügung«, und dann, zu der zukünftigen Patientin gewandt, ihr den Rat gibt, sich alles in Ruhe zu überlegen, »man soll in diesem Punkt nichts überstürzen«, weiß er im Voraus, dass er der Arzt ihrer Wahl sein wird.

Natürlich strenge ich mich an, um dem, was man von mir erwartet, gerecht zu werden, und streue, wie Käseflocken über ein Nudelgericht, französische Vokabeln in die Unterhaltung. Ich sage »enchanté« und »peu a peu«, rufe erstaunt: »Mon dieu!«, bedanke mich mit höflichem »merci« und verabschiede mich mit einem freundlichen: »Au revoir, ma chère.« Ebenso versuche ich, das Damenhafte an mir zu

unterstreichen, trage ein im Second-Hand-Shop erworbenes Chanel-Kostüm, und die Friseuse müht sich redlich, meinem schütteren Haar aus wirren Löckchen ein gewisses Cachet zu geben. Ich benutze nur noch einen sehr dezenten Lippenstift und trage auf altmodisch getrimmten Traveller-Schmuck. In den Unterhaltungen gebe ich mehr oder weniger jedem Recht, was als besonders angenehm empfunden wird. Von dem, was sie da reden, verstehe ich sowieso nur die Hälfte. Ich war nie auf einem Golfplatz, kenne mich nicht in den modernen Richtungen der Malerei aus und kann die Fähigkeit oder Unfähigkeit von Lehrern, Vorgesetzten und Künstlern nicht beurteilen. Gesellschaftlicher Klatsch dagegen interessiert mich weiterhin, und wenn die Ehefrauen die Augen verdrehen, halb lachend, halb seufzend über ihre Männer reden, während sie ihnen zu Hause weiterhin energisch klarmachen, was sie zu tun und zu lassen haben, amüsiere ich mich und stelle vergnügt fest, dass sich trotz wechselnder Zeiten und Emanzipationsgeplärre wenig geändert hat. Einerseits: »Ich will einen Mann, einen richtigen Mann«, andererseits der alte Spruch: »Der Mann, der ist der Kopf, nach seinem Willen soll es gehen, die Frau, die ist der Hals, die weiß den Kopf zu drehen.«

Meine neue, in einer Agentur tätige Großnichte, die mich zunächst ein wenig herablassend behandelte, weil sie mit erheblichen Vorurteilen gegen meine Generation belastet war, benutzt mich inzwischen gern bei ihren Events, für die sie sich immer etwas Neues zur Unterhaltung der verwöhnten Auftraggeber ausdenken muss. Wenn sich dann in einem mit Kerzen und Blumen reichlich geschmückten Saal eines Schlosses die älteren Semester zusammenfinden, werde ich ihnen wie ein Auto der Luxusklasse vorgeführt. Denn, wie meine Großnichte sagt, es ist enorm wichtig, dass man zu Hause erzählen kann: »Übrigens, ich habe dort eine sehr nette Prinzessin kennen gelernt.« Für die bestellten Fotografen bin ich ebenfalls ein gutes Vorzeigeobjekt, so dass ich immer häufiger in den bunten Blättern auftauche, was mich weiter aufwertet.

Die Bewohner des Heims verfolgen meine Karriere mit gemischten Gefühlen und lassen durchblicken, dass das Ganze irgendwann mit einer großen Enttäuschung für mich enden wird. »Wir sind nun mal alte Menschen«, sagen sie, »und im Grunde will doch niemand mehr etwas mit uns zu tun haben.« Aber ich denke, es ist wenig sinnvoll, über ungelegten Eiern zu brüten, obwohl ich gelegentlich mitbekomme,

wie meine Familie Blicke wechselt, wenn ich das richtige Wort nicht finde oder zwischendurch mal einnicke. Manchmal treffe ich auch auf Rivalinnen, die zwar nicht gerade Prinzessinnen sind, aber doch mindestens Gräfinnen oder Freifrauen. Sie versuchen, mich ein wenig auszuhorchen und auf den Busch zu klopfen, ob das, was sie von mir zu hören bekommen, alles stimmt. Vielleicht war mein Vater ja nur ein Pferdehändler. Bei den Ungarn ist doch alles möglich. Wenn meine Nichte plötzlich, angesteckt von dem Verdacht, anfängt, meine Herkunft zu bezweifeln, steht mir sofort meine Putzfrau zur Seite und sagt, was Sache ist. Adel vom Feinsten. Sie muss es schließlich wissen, wo doch ihre Mutter im Schloss gearbeitet hat. Danach sind sie alle besonders nett zu mir und beteuern, dass sie mich nie im Stich lassen werden. »Mach dir keine Sorgen, Tantchen, wir kümmern uns um dich. Du weißt ja, Anruf genügt.«

Und mein sonst eher wortkarger Neffe fügt hinzu: »Für mich ist es geradezu eine Wohltat, einen alten, nicht renovierten Menschen um mich zu haben.« Und die Großnichte nickt zwar bestätigend, macht dazu aber ihr Wer's-glaubt-Gesicht.

In letzter Zeit tun sie sehr geheimnisvoll und

kündigen mir eine Überraschung an, über die ich mehr als staunen würde. Ich versuche, die Putzfrau auszuhorchen, aber sie ist nicht bereit, mir etwas zu verraten. »Meine Lippen sind versiegelt.«

In den letzten Monaten hat sich meine Familie kaum noch blicken lassen, nur hin und wieder mal angerufen. Im Heim hat es inzwischen viele Veränderungen gegeben. Fast alle Bewohner, mit denen ich damals eingezogen bin, liegen inzwischen auf dem Friedhof. Der Nachwuchs ist wesentlich jünger, zwischen achtzig und fünfundachtzig. Ihm ist anzumerken, dass wir Neunzigjährigen ihm einen noch größeren Schrecken einjagen als den Jungen.

Und jetzt überschlagen sich die Ereignisse. Angelika ruft an und zwitschert ins Telefon, am nächsten Wochenende würden sie mich abholen. Ich soll ein paar Sachen zum Übernachten einpacken. Eins kann sie mir schon sagen: Ich werde auf jeden Fall Augen machen.

Am Sonnabend geht die Reise los. »Wohin fahren wir denn?«, frage ich.

Sie lachen. »Wirst schon sehen, eine Fahrt ins Blaue.«

Nach zwei Stunden verlassen wir die Autobahn, holpern über eine Dorfstraße und biegen in einen Park ein. Und da liegt es vor mir, der

Traum meiner Familie: ein Schloss wie aus dem Bilderbuch, innen und außen geputzt und erstklassig eingerichtet, als hätte es etwas so Unerfreuliches wie Kriege und Flüchtlingsscharen, die hier früher bestimmt einmal gehaust haben, nie gegeben.

Ich muss zugeben, ich bin wirklich beeindruckt. Dagegen war das Schloss meiner Kindheit ein Hühnerstall. Hier gibt es weder bröckelnde Wände noch abgetretene Dielen oder von Hundepfoten zerkratzte Türen. Kein Gebäude, in dem sich Mäuse und anderes Getier wohlfühlen.

»Na, Tantchen«, sagt die von der biologischen Uhr Bedrängte. »Da staunst du, was?«

»Das tue ich wirklich.«

»Wir haben ein wahnsinniges Glück gehabt«, sagt ihre Mutter. »Wirklich ein Schnäppchen. Es hat einer alten, plötzlich verstorbenen Patientin meines Mannes gehört, und die in alle Welt verstreuten Erben wünschten sich nichts dringlicher, als es so schnell wie möglich loszuwerden. Und sag selbst: Ist es nicht tadellos in Schuss?«

Ich nicke.

Wir wandern vom Keller bis zum Dachboden, und alles ist perfekt. »Und jetzt«, sagt Angelika, »kommt die große Überraschung.« Sie öffnet im

Parterre eine Tür, und wir betreten einen behaglich eingerichteten Raum mit eigenem Badezimmer.

»Das ist dein Reich«, sagt Angelika, »dein neues Zuhause. Und deshalb werden wir deinen Dreiundneunzigsten auch hier feiern.«

Ich liege in meinem neuen, schönen Zimmer. An meinem Bett sitzen Angelika und ihr Mann mit besorgten Gesichtern.

»Was ist passiert?«, frage ich benommen und versuche, mich aufzurichten. Sanft drückt mein Neffe mich in die Kissen zurück.

»Nichts«, sagt er beschwichtigend. »Dir ist schwindlig geworden, und du bist hingefallen. Das kann jedem von uns passieren.«

Ich schließe die Augen und versuche, mich zu erinnern. Mein Geburtstag, richtig. Es war ein wunderbares Familienfest mit reizenden Gästen, die sich um mich bemühten. Ich wurde geehrt, so manches Glas wurde auf mein Wohl getrunken, lange war ich nicht mehr so glücklich. Das muss gestern gewesen sein, und jetzt fällt mir auch wieder mein morgendlicher Spaziergang durch den Park ein. Ich sehe wieder den Tau auf dem Gras, die leuchtenden Blumenrabatten, wie das Morgenlicht durch die hohen Bäume scheint, fühle nach langer Zeit wieder so

etwas wie Wehmut über den Verlust der Heimat und habe gleichzeitig den tröstlichen Gedanken an meine wiedergefundene Familie, die mir einen so schönen Geburtstag beschert hat. Ich sehe mich noch über die Terrasse zurückgehen, danach kann ich mich an nichts mehr erinnern.

Angenehm müde döse ich weiter vor mich hin und höre Angelika und ihren Mann miteinander flüstern.

»Was machen wir denn jetzt bloß?«, fragt Angelika etwas hilflos, und der Doktor entscheidet:

»Sie muss natürlich ins Heim zurück. Für eine Pflege sehe ich hier kaum eine Möglichkeit, wenn wir nur an den Wochenenden rausfahren. Und dann noch nächste Woche die Kreuzfahrt. Sie ist dreiundneunzig, vergiss das nicht.«

Meine Nichte widerspricht nicht, seufzt nur: »Das arme Tantchen.« Und ich seufze ebenfalls, ohne jedoch gekränkt zu sein. Meine Mutter hatte Recht, als sie sagte »Es kommt wie's kommt und bei uns sowieso immer anders«.

Angelikas Flüsterton kriegt auch schon den zuversichtlichen, patenten Klang, wie ihn in den amerikanischen Filmen die apfelkuchenbackenden Mütter an sich haben: »Du wirst sehen, sie berappelt sich schon wieder. Und dann machen wir ihr es so richtig gemütlich.«

»Auf jeden Fall«, sagt mein Neffe, ebenso tröstend wie bestimmt, »werden wir ihr hier im zukünftigen Erbbegräbnis unserer Familie im Park ein schönes Plätzchen einräumen.«

Die treue Seele

Ein Schloss war in früheren Zeiten meist das Glanzstück des Dorfs. Majestätisch lagerte es, eingebettet in Rasenflächen, Blumenrabatten, Parks, in der Landschaft und erweckte im Betrachter Staunen und Ehrfurcht. Wer so wohnte, musste unermesslich reich sein, was jedoch eher selten wirklich der Fall war. So ließ der Komfort, wie er heute bei der einfachsten Wohnung selbstverständlich ist, oft besonders zu wünschen übrig. Es gab weder fließendes Wasser noch elektrisches Licht oder Heizung, dafür allerdings eine Menge Platz, viel Familie und Personal. Schließlich wollten die zahlreichen Öfen mit Holz und Kohle bedient, die mit Seerosen bemalten porzellanenen Kannen auf den Waschtischen mit Wasser gefüllt und die Eimer geleert sein. Ganze Zimmerfluchten mussten gefegt, Staub gewischt, gebohnert und die großen Fenster geputzt werden. Auch was das Sanitäre anging, waren die meisten Landsitze äußerst sparsam ausgestattet, sodass für Gäste in Not endlose Korridore zum Labyrinth wurden – be-

sonders für ein Kind, das mit flackernder Kerze, vor Kälte zitternd, den Weg zum Klo suchte, weil der gute alte Nachttopf nicht ausreichte, um den Wünschen des erzürnten Bauches, in dem sich Kirschen und Brause unangenehm mischten, gerecht zu werden. Dann war es voller Dankbarkeit, wie ein orientierungsloser Seemann, der endlich das Licht eines Leuchtturms erblickt, wenn schwacher Kerzenschein durch eine Türspalte drang und ein leises melodiöses Summen zu hören war, der unverwechselbare nächtliche Singsang von Tante Esther, wenn sie, an Schlaflosigkeit leidend, ihre Schubladen durchkramte.

Diese Tante gehörte zum Inventar wie das mottenzerfressene ausgestopfte Wildschwein in der Halle, das chronisch klemmende Portal, die von leichter Patina bedeckte Ritterrüstung, die Ahnenbilder und Jagdtrophäen an den Wänden und die äußerst unpraktischen Esszimmerstühle, deren reiche Verzierung eine Todesfalle für Strümpfe und seidene Kleider war.

Tante Esthers Eltern waren für damalige Zeiten schon ziemlich betagt, und ihre Mutter brachte sie in einem Alter zur Welt, in dem Frauen sich normalerweise, ein Häubchen auf dem Kopf, nur noch in dunkle Farben hüllten und Vergnügungen und rauschenden Festen

entsagten, um sich ganz der Wohltätigkeit, dem Strickstrumpf und dem Kirchgang zu widmen. Die achtzehn Jahre ältere Schwester schämte sich so sehr darüber, dass sie ihre Verlobung löste, Diakonisse wurde und sich in Afrika missionarischen Aufgaben hingab.

Glücklicherweise waren die Eltern nicht nur betagt, sondern auch sehr wohlhabend, sodass die kleine Esther unter dem Eindruck aufwuchs, dass jedes kleine Mädchen mehrmals am Tag die Kleidung wechselte, Puppenscharen um sich versammelt, die Schuhe gebunden und die Haare geflochten bekommt, dazu ein Pony besitzt, eine Schildkröte und einen sich unermüdlich im Rad drehenden Hamster. Nicht nur das, Tante Esther hatte sogar eine eigene Jungfer, die ihr beim Anziehen half, für sie sorgte und sie sogar ins Internat begleitete, damit sie sich die Zöpfe nicht etwa selbst flechten musste. Die Jungfer, selbst noch ein halbes Kind, erfüllte ihre Pflichten mit Begeisterung, so glücklich war sie darüber, dem Waisenhaus endlich entronnen zu sein.

Doch leider, leider bereitete Tante Esther, dieses blonde Lockenköpfchen mit seinem Schmollmund, von einem berühmten Maler schon zweimal porträtiert, das in fließendem Französisch Lafontaines Fabel »Le corbeau et le renard« aufsagen konnte und dessen freund-

liches Wesen und verschmitztes Lächeln das Entzücken der Familie war, kaum dem Internat entwachsen, den Eltern dann doch beträchtlichen Kummer. Ausgerechnet dieses arglose Kind fiel einem Charmeur in die Hände, der zwar aus gutem Hause stammte, in einem feudalen Reiterregiment diente und ein reizender Unterhalter war, aber leider auch ein Taugenichts. Wo immer er bei Festen und anderen Anlässen auftauchte, umkreisten die Mütter ängstlich ihre Töchter wie Hirtenhunde ihre Herden, zumal auch sie zugeben mussten, dass dieser Mensch eine Sünde wert war. Der kleinen Esther begegnete er auf ihrem ersten Ball, zu dem sie eine jüngere Tante begleitete, weil ihre Mutter Migräne hatte. Aber wie es nun mal mit jüngeren unverheirateten Tanten ist, die sich mit Anfang dreißig noch nicht als Greisinnen fühlen, galten die Blicke des Chaperons allem anderen, nur nicht ihrer Nichte. Die tanzte derweil mit dem Taugenichts Polka, Walzer und Galopp, bis die nicht sonderlich auf ihre Kosten gekommene Tante dem Vergnügen ein abruptes Ende bereitete und mit ihr nach Hause fuhr.

Der junge Mann machte seine Aufwartung, und die etwas lebensfremden Eltern konnten sich seinem Charme, seiner eleganten Erscheinung und seinen guten Manieren nicht entzie-

hen, obwohl inzwischen längst bekannt war, dass der junge Offizier mehr vom Kartenspiel und dem Roulette als vom Dienst für Seine Majestät hielt. Immerhin waren Tante Esthers Eltern um den guten Ruf ihres Lockenköpfchens besorgt genug, um ihr ein Treffen mit dem jungen Mann nur in Begleitung der Jungfer zu erlauben. Doch die, im Umgang mit dem männlichen Geschlecht ebenso ungeübt wie die Baronesse, gab seinem Betteln, die beiden für einen Stadtbummel ein halbes Stündchen allein ziehen zu lassen und sich währenddessen in der Konditorei an einem Mohrenkopf zu erfreuen, arglos nach. Vielleicht wäre alles noch zu einem guten Ende gekommen, zeigte der junge Mann doch ernste Absichten, aber dummerweise verstieß er gegen die wichtigste Anstandsregel eines Offiziers: Er zahlte seine Spielschulden nicht. So flog er prompt aus dem Regiment und wurde, wie damals üblich, von seinen Eltern sofort nach Amerika verfrachtet.

Tante Esther rezitierte nun nicht mehr vor staunenden Gästen Fabeln von Lafontaine oder spielte bei schlechtem Wetter mit dem Vater Dame und Mühle. Sie zog sich mehr und mehr in ihr Zimmer zurück und bekam schließlich die Bleichsucht. Die besorgten Eltern schickten sie mit Fräulein Lisbeth, wie die Jungfer inzwischen

ihrem Alter entsprechend genannt wurde, in ein Sanatorium, aus dem sie nach mehreren Wochen an Leib und Seele gestärkt zurückkehrte, wenn auch, wie man nach wie vor munkelte, nicht ganz unbeschädigt. Denn bei dem »Stadtbummel« mit dem Taugenichts, während sich die Jungfer arglos den Spezialitäten der kleinen Konditorei hingab, waren Tante Esther und der junge Offizier im besten Hotel am Platz beim gemeinsamen Verlassen eines Zimmers gesehen worden. Glücklicherweise waren ihre Eltern sehr beliebt, und so verzichtete man darauf, sie mit Andeutungen zu trietzen, was man in anderen Fällen gern und mit Gusto tat.

Das Leben zu Hause lief für Tante Esther im selben Gleichmaß wie gewohnt dahin. Nichts schien sich verändert zu haben. Fräulein Lisbeth umsorgte sie weiter, und das Mühle- und Damebrett stand wieder für eine Partie bereit. Allmählich gewann sie ihre Fröhlichkeit zurück, und bei den Nachbarn geriet ihre Affäre bald in Vergessenheit, denn in den anderen Familien hatte sich inzwischen mindestens ebensoviel Interessantes ereignet, was seinen Klatsch wert war.

Doch es schien, als habe sich das Unglück nur für kurze Zeit von diesem Hause abgewandt. Die sonst so sanfte Stute ging beim Ausritt

plötzlich durch, und das junge Mädchen fiel so unglücklich herunter, dass es sich eine tiefe Wunde im Gesicht zuzog, von der eine Narbe zurückblieb. Die Hausbank machte Konkurs, und von dem einstigen Vermögen blieb nur ein trauriger Rest zurück. Das Personal musste entlassen werden. Fräulein Lisbeth war nun Mädchen für alles und konnte zeigen, was in ihr steckte.

Bald darauf begannen die Eltern zu kränkeln und starben kurz nacheinander. Tante Esthers Vormund, der jüngste Bruder ihrer Mutter, verfrachtete seine Nichte und ihre Jungfer in eine hübsche Villa am Stadtrand, und der einstige Besitz kam unter den Hammer. Ab und an tauchte der Onkel auf, um nach dem Rechten zu sehen, und fuhr nach einem opulenten Mittagessen höchst zufrieden und Fräulein Lisbeth über den grünen Klee lobend wieder davon.

Zuerst hatte sich die Familie noch Mühe gegeben, die arme Esther von all dem Traurigen ein wenig abzulenken, sie mit guten Ratschlägen eingedeckt und zu Festlichkeiten eingeladen. Aber Tante Esthers Indolenz und ihr ewiges: »Ach, ich weiß nicht recht«, hatten allmählich die Hilfsbereitschaft erlahmen lassen. Und, ehrlich gesagt, im Großen und Ganzen ging es ihr doch recht gut mit dieser Perle

von Jungfer. Da gab es schließlich ganz andere Schicksale.

Nur Fräulein Lisbeth begann sich im Lauf der Jahre mehr und mehr Sorgen um ihre Baronesse zu machen, deren Lieblingssatz »Ach, ich weiß nicht recht« war und blieb und die ständig von ihren wechselnden Zipperlein redete. Das nicht gerade vom Schicksal verwöhnte Fräulein Lisbeth konnte nur staunen, was sich da alles an Krankheiten in ihrer Baronesse tummelte und was für unaussprechliche Namen sie hatten. Der erste Griff der sich allmählich in den reiferen Jahren befindenden Herrin nach dem Wecken galt dem Puls, der nicht nur jagte, sondern – o Schreck – auch manchmal stillstand. Gott sei Dank nicht für lange, aber immerhin. Danach stieg sie aus dem Bett, prüfte durch tiefes Ein- und Ausatmen, ob die Lungen noch bereit waren, ihren Dienst zu tun, und setzte die Füße so vorsichtig auf die Erde, als wären sie aus Glas und könnten gleich zerspringen. Beruhigenderweise minderten all diese Ängste ihren Appetit nicht im Geringsten. Auch fand die Jungfer in dem Hausarzt, der sich regelmäßig blicken ließ, einen verständnisvollen Zuhörer, der ihre Tüchtigkeit zu würdigen verstand und ihre Kunstfertigkeit, mit der sie als Dank für sein Mitgefühl Tischtücher und Servietten seiner Frau mit zier-

lichen Monogrammen versah. Kopfschüttelnd beobachtete er, wie sie leichtfüßig die schweren Kohleneimer die Treppe hinauftrug, und fand, dass man ihr doch ein wenig zu viel aufbürde. Aber Fräulein Lisbeth teilte seine Ansicht nicht, und als er einmal vorsichtig auf den Busch klopfte, ob es nicht für sie recht eintönig sei, in diesem Haus wie eine Nonne zu leben, lachte sie nur. »Hundertmal besser als ein Kerl am Hals, der mehr an der Flasche hängt als an Frau und Kind«, sagte sie. Da solle sich der Herr Doktor mal keine Gedanken machen. Ihr gehe es gut, und im Vergleich zu ihrer Kindheit im Waisenhaus stimmte das wahrscheinlich auch.

Der Arzt besprach den Fall mit seiner Frau. »Was hältst du davon«, fragte er, »wenn wir mal die Baronesse und unsern Ludwig zusammenbringen? Du weißt ja, er hat ein gewisses Faible für hysterische Mädchen.« Freund Ludwig, Superintendent, ein besonders von den Damen der Gemeinde hochgeschätzter Prediger, der seine Frau verloren hatte und nach dem schicklichen Trauerjahr bereits wieder fleißig suchte, nach dem Motto: »Es ist nicht gut, dass der Mensch allein sei«, war zwar nicht mehr der Jüngste und auch nicht gerade das, was man eine blendende Erscheinung nennt, aber von stattlicher Figur, wenn auch mit einem unübersehbaren Bauch

und leider beginnendem Haarausfall. Er hatte etwas gleichermaßen Zupackendes wie Behutsames, sodass sich niemand bedrängt fühlte, sondern nur angenehm berührt von dem gezeigten Interesse, und ihm auch der verschlossenste Mensch vertrauensvoll sein Herz ausschüttete.

Die Einladung wurde ein voller Erfolg. Fräulein Liebeth hatte ihre Baronesse ordentlich herausgeputzt, das Haar so lange bearbeitet, bis es locker und duftig fiel, das Gesicht leicht gepudert, sodass die Narbe kaum sichtbar war, und ihr ein Kleid angezogen, das Taille und Busen betonte. Die Augen des Superintendenten musterten unter schweren Lidern das Opfer wie ein Frosch die Fliege, bevor er zuschnappt, und es war ihm anzumerken, dass Tante Esther ihm auf Anhieb außerordentlich gefiel. Die Baronesse zeigte sich nach langer Zeit wieder fröhlich und unbeschwert, erzählte von ihrem Elternhaus, lächelte auf neckende Fragen des Geistlichen verschmitzt und gab »Maître Corbeau« zum besten, was, wie sie behauptete, die Lieblingsfabel ihres Vaters gewesen sei.

Die Frau des Hausarztes zeigte sich etwas erstaunt. »Ludwig hat ja richtig angebissen, wer hätte das gedacht.«

Der Doktor lächelte. »Wahrscheinlich spürt

er schlummernde Talente in der Baronesse. Unser Ludwig ist ja ein Frauenkenner.«

»Was verstehst du unter schlummernden Talenten?«, fragte seine Frau.

»Was weiß ich«, sagte der Doktor. »Es ist nur so dahingesagt.«

Der Superintendent erwies sich als wahres Wundermittel. Vorbei die Zeiten, in denen Tante Esther den Eindruck erweckte, sich im Winterschlaf zu befinden, vorbei die Tage des Pulsfühlens und der Migräne. Stattdessen sang sie jetzt Moritaten. Während ihr Lisbeth die Haare kämmte, trällerte sie: »Johann Gottfried Seidelbast hängte sich an einen Ast, streckte dann die Zunge raus, weil ihm ging die Luft bald aus«, worüber Lisbeth lachen musste, aber gleichzeitig auch etwas schockiert war. »Aber Baronesse«, warnte sie, »solche Lieder lassen Sie lieber nicht in Gegenwart von Herrn Ludwig hören.«

Tante Esther machte ihren schon von leichten Fältchen umrahmten Schmollmund. »Ach der«, sagte sie mit einer koketten Handbewegung.

Es dauerte nicht lange, und der Superintendent hielt beim Vormund um Tante Esthers Hand an und noch einmal scherzhaft bei Fräulein Lisbeth, Tante Esthers Schatten. Auch der erleichterten Familie gefiel er. Natürlich, er war

kein Standesgenosse, aber immerhin ein ziemlich hoher Würdenträger ihrer Kirche. Ohne Zweifel war die liebe Esther bei ihm in guten Händen. Jetzt, wo sie unter der Haube war, musste man sich nicht mehr mit Schuldgefühlen abplagen, weil man dem am Sterbebett ihrer Eltern gegebenen Versprechen, sich, komme, was da wolle, um sie zu kümmern, nur sehr unvollständig nachgekommen war.

Gemeinsam mit Fräulein Lisbeth wechselte Tante Esther ins Haus des Pastors über, wo es an Personal nicht mangelte, sodass die Jungfer guten Zeiten entgegensah und sich nur noch um ihre Baronesse kümmern musste, was sie, wie der Hausherr gelegentlich fand, mit vielleicht doch etwas zu viel Hingabe tat. Jedenfalls rieb er sich nachdenklich die Nase, als sie nach der Hochzeitsreise um sieben Uhr an die Schlafzimmertür des Ehepaares klopfte, um ihnen das Frühstück ans Bett zu bringen, sich wie selbstverständlich bei den Mahlzeiten neben ihre Baronesse setzte, ihr die Serviette auf den Schoß legte, die Brote schmierte und das Fleisch in kleine Stücke schnitt. Fürsorge war etwas sehr Christliches, aber das hier war ein wenig übertrieben. Doch der Superintendent war ein guter Hirte geworden, der durch lange Berufserfahrung wusste, wie man den Schäfchen zeigte, wo

es lang ging. Behutsam beschnitt er Fräulein Lisbeths Besitzansprüche an Tante Esther und fand diplomatisch Mittel und Wege, sie sich und seiner Frau von der Pelle zu halten. So überredete er sie, doch im Kirchenchor aktiv zu werden. Ihr herrlicher Alt, der ihm während des Gottesdienstes aufgefallen sei, könne für den Chor eine große Bereicherung werden, und wie dankenswert wäre es, wenn sie ab und an ihr Talent für akkurate Buchführung dem Kirchenbüro zur Verfügung stellen würde. Die Gemeindearbeit sei eben doch sehr umfangreich. Während er so mit ihr herumsäuselte, füßelte die junge Ehefrau mit ihm unter dem Tisch, griff nach seiner Hand und sagte mit ihrem verschmitzten Lächeln: »Was hast du nur immer für gute Ideen.«

Fräulein Lisbeth, teils geschmeichelt, teils ein wenig gekränkt, denn sie merkte die Absicht, versprach, es zu versuchen, und bereute es nicht, denn endlich kam Abwechslung in ihr eintöniges Leben. Sie bestand nicht mehr darauf, das Ehepaar auf seinen Reisen zu begleiten, die sie jetzt häufig unternahmen, wobei Ludwig für die Bildung seiner Baronesse sorgte und sie in Ausstellungen und Museen führte. Auch war das Ehepaar recht gesellig und ließ keine Festlichkeit aus. Während Tante Esther mit ihrem

Ludwig fröhlich auf den Bällen herumhopste – ein Superintendent hat schließlich auch viele gesellschaftliche Verpflichtungen –, übte die Jungfer mit Hingabe im Chor: »Was Gott tut, das ist wohlgetan.«

Die Familie beobachtete interessiert Tante Esthers Wandel vom Trauerkloß zu einem unternehmungslustigen, schlagfertigen Wesen. Stets modisch gekleidet, fand sie überall Beachtung, sodass man sich gelegentlich zuflüsterte, ihr Mann scheine nicht nur ein ausgesprochen begnadeter Geistlicher zu sein, sondern habe es auch faustdick hinter den Ohren. Jedenfalls habe eines seiner früheren Stubenmädchen herumerzählt, im Schlafzimmer vom Herrn Pastor gebe es Bilder in Wechselrahmen, manchmal Landschaften, manchmal ganz was anderes. Auf die neugierige Frage: »Was denn?« habe sie ein wissendes Gesicht gemacht und gesagt: »Na, ganz was Freches eben.«

Leider war Tante Esthers Glück wiederum nicht von langer Dauer. Ludwig starb unerwartet nach kurzer Krankheit an ihrem vierzigsten Geburtstag. Die finanzielle Seite sah, wie beim Tod ihrer Eltern, auch jetzt wieder katastrophal aus, denn der Superintendent hatte mehr nach dem Motto der Lilien auf dem Felde gelebt. Guter Rat war teuer. Der Vormund musste an viele

Türen klopfen, bis einer von Tante Esthers älteren Cousins sich breitschlagen ließ, sie in seinem Schloss aufzunehmen, nicht zuletzt, weil sie von der Kirche eine, wenn auch nur bescheidene Pension bekam, womit man die Haushaltskasse ein wenig aufbessern konnte. Schließlich war auch der Cousin nicht gerade auf Rosen gebettet. Und was diese Jungfer anging, die sollte ja, wie allgemein bekannt, eine Perle sein. Seine Frau, deren Freude über diesen unerwarteten Zuwachs sich zunächst sehr in Grenzen gehalten hatte, wurde schnell eines Besseren belehrt. Die Jungfer konnte wirklich alles. Sie kochte passabel, flickte, stopfte, stickte hervorragend, verstand etwas von der Krankenpflege und führte für die Hausfrau das Haushaltsbuch. Kurz, sie war für viele Zwecke verwendbar.

So verlief das Zusammenleben mit der Cousine, die überdies nur zum Mittagessen erschien, ihr eigenes Leben führte und der Hausfrau nicht dauernd am Rockzipfel hing, ziemlich problemlos. Nur manchmal schüttelte man den Kopf über Lisbeth, die treue Seele, die ihre Fürsorge für ihre Herrin wohl doch etwas übertrieb. Allerdings war Tante Esther, wahrscheinlich durch den schweren Schicksalsschlag, ein wenig sonderlich geworden und hatte wieder eine gewisse kindliche Hilflosigkeit angenommen, wie schon

allein ihr ewiges Vor-sich-hin-Gesumme zeigte, das allerdings durch die räumliche Entfernung zum Wohntrakt für ihre Gastgeber nicht allzu störend war. Außerdem verwandelte sie sich mehr und mehr in eine Matrone, die Kleidung grau in grau, das Haar lieblos zurückgekämmt. Sie hasste frische Luft und musste von dem unnachgiebigen Fräulein Lisbeth förmlich dazu gezwungen werden, das Haus zu verlassen. Zur Erheiterung des Personals wanderten sie dann genau zwanzigmal um das Rondell, Arm in Arm, die etwas aus dem Leim gegangene, leicht watschelnde Tante Esther und die schlanke, kerzengerade Lisbeth mit dem Gehabe einer strengen Gouvernante, die mit energischem Schritt ihren Zögling hinter sich her zerrt.

Wenn Gäste im Haus waren, ließ sich Tante Esther noch seltener blicken. Trotzdem war sie ein Anlauf für Kinder aller Altersstufen. Sie gingen mit Tante Esther wie mit ihresgleichen um, wühlten nach Herzenslust in ihrem Kleiderschrank und verkleideten sich, bekritzelten sorglos jedes Papier und fielen ihr dauernd mit einem »Weißt du was?« ins Wort. Tante Esther störte es nicht, dass ihre Patiencekarten sich in etwas Unappetitliches, Klebriges, Bekritzeltes verwandelten, noch dazu mit Eselsohren geschmückt, die durch den vergeblichen Versuch, ein Karten-

haus damit zu bauen, entstanden waren. Es machte ihr nichts aus, dass die Kinder schnell ein heilloses Durcheinander im Zimmer anrichteten und Stopfgarn, Nähnadeln, Stickschere und Stecknadeln aus dem Nähkästchen erst wieder mühsam zusammengesucht werden mussten. Die Kinder liebten die Geschichten aus Tante Esthers Kindheit, hatte sie anscheinend doch alles besessen, was man ihnen schändlicherweise vorenthielt, dabei aber ebenso angenehm Gruseliges erlebt, eine Kreuzotter im Wald, die sich um ihre Beine ringelte, auch wäre sie fast an einem Pflaumenstein erstickt und von einem tollwütigen Hund gebissen worden. Beim Erzählen verlor sie allerdings oft den Faden und murmelte abwesend: »Ludwig hatte immer so fabelhafte Ideen. Mein Gott, wenn ich an diesen Abend denke«, bis eines der Kinder sie am Ärmel zupfte und mahnend rief: »Tante Esther?« Dann sah sie für einen Moment etwas verwirrt in die Kinderrunde und fragte: »Wo bin ich stehen geblieben?«

Aus dem anschwellenden Lärm, der aus ihrem Zimmer drang, konnte jeder, der Bescheid wusste, unschwer schließen, dass Tantchen mal wieder eingenickt war und die Kinder, sich selbst überlassen, außer Rand und Band gerieten, bis Fräulein Lisbeth auftauchte und für Ordnung sorgte.

Vor der Jungfer hatten sie einen höllischen Respekt. Sie hatte es nicht nötig, laut zu werden. Ein Blick genügte. Bei aller Strenge konnte sie viel Mitgefühl dort zeigen, wo man von den meisten Erwachsenen nur ein »Stell dich nicht so an« oder »Was auf den Tisch kommt, wird gegessen« zu hören bekam. Wenn Lisbeth in Abwesenheit der Eltern und der Hauslehrerin bei den Mahlzeiten die Aufsicht hatte, fischte sie, wahrscheinlich in bitterer Erinnerung an das Waisenhaus, die Haut vom Kakao und zwang das Kind nicht, am Tisch sitzen zu bleiben, bis alles aufgegessen war. Sie verstand auch die Ängste vor dunklen Kellergängen und besonders vor Gewittern. Dann erschien sie manchmal nachts in einem voluminösen Nachthemd und beruhigte die vor sich hin Wimmernden. Und was ihre Geschichten aus dem Waisenhaus betraf, so konnten diese sich durchaus mit denen Tante Esthers messen und wurden auch vom Hausherrn gnädig aufgenommen, weil sie, wie er meinte, einen gewissen erzieherischen Wert besaßen und zeigten, wie gut es doch dagegen der eigenen Brut ging, besonders, wenn man an die im Waisenhaus verhängten Strafen dachte: Essensentzug, Dunkelhaft und Erbsenknien.

Aber nicht nur Kinder und Jugendliche, auch die Erwachsenen fühlten sich in ihrer Gegenwart

gelegentlich ein wenig ungemütlich, zumal die Jungfer eine scharfe Beobachterin war und oft mehr mitkriegte, als man ahnte. Der Griff des Dieners in die Zigarrenkiste, die schnelle Bewegung, mit der das Stubenmädchen sich des Parfums ihrer Herrin bediente, der leidenschaftliche Kuss des nicht mehr ganz so jungen Onkels im Flur, wo er ein wenig mit der Nichte techtelte. Auch bei den Gesprächen nahm sich das junge Volk vor ihr in Acht, obwohl sie jedem Klatsch abhold war und die Diskretion in Person, vor allem, was ihr eigenes Leben anging. Wenn sie sich mit der Mamsell am Sonntag zu einem gemütlichen Kaffeestündchen zusammengefunden hatte, versuchte die, sie ein wenig auszuquetschen. Von der Baronesse wusste man ja so einiges, aber wie sah es bei Fräulein Lisbeth aus, was die Liebe betraf? Der Blick, mit dem Fräulein Lisbeth sie durchbohrte, ließ sie zusammenfahren, denn es fiel ihr siedendheiß ein, dass die Jungfer gestern erst Zeugin geworden war, als sie für ihre Angehörigen zwei Gläser Gänseleberpastete beiseitegestellt hatte. Emsig versuchte sie, den angerichteten Schaden zu begrenzen. »Liebe«, sagte deshalb die Mamsell in wegwerfendem Ton, »was ist das schon? Liebe hat viele Gesichter.«

»Das hat sie«, sagte Fräulein Lisbeth und stellte die Tassen zusammen.

Backfische und junge Frauen schnitten dieses Thema in Lisbeths Gegenwart so gut wie nie an. Tante Esther gegenüber lösten sich ihre Zungen schon eher, und sie waren verblüfft darüber, dass die, wenn sie auf ihren Ludwig zu sprechen kam, erstaunliche Kenntnisse zeigte, wenn auch diskret verschlüsselt, wie sie nur in dem Buch von van der Velde »Die vollkommene Ehe« zu finden waren. Ebenso wie die Kinder stöberten sie nach Herzenslust im Zimmer herum, betrachteten sich die Fotoalben, lasen in alten Briefen und probierten Tante Esthers Schmuck aus. Nur eins durften sie nicht: einen Blick in das Schildpattkästchen werfen, dessen Schlüssel sie gut versteckt hatte, worüber man ein wenig lächelte. Wahrscheinlich hatte das Tantchen ein paar sentimentale Liebesbeweise, eine gepresste Rose oder ein Kleeblatt, darin versteckt.

Sogar die jungen Männer hielten es nicht für unter ihrer Würde, dieser, wie sie fanden, ulkigen Person gelegentlich einen Besuch abzustatten, wenn auch aus völlig anderen Gründen, für die es aber der Tante gegenüber keinerlei Erklärungen bedurfte. Sobald einer der jungen Herren eingetreten war, sagte sie, ohne von ihrer Stickerei aufzublicken: »Im Schrank links, und bring zwei Gläser.«

»Die Jahre wie die Wolken geh'n«, das galt trotz aller Eintönigkeit auch für Tante Esthers Leben. Im Laufe der Zeit hatte sich im Schloss so mancherlei geändert. Der Cousin hatte sich aus gesundheitlichen Gründen vorzeitig aufs Altenteil zurückgezogen und der älteste Sohn das Kommando im Schloss übernommen. Neben seinen jüngeren Geschwistern sorgten bereits drei eigene Sprösslinge für die Fortsetzung der Familie. Dazu kam eine Spielgefährtin für die Zwillinge, eine Waise, das elfjährige Sophiechen, die trübetümplig herumhing, weil sie unbarmherzig geneckt und von der jungen Baronin nicht gerade mit Herzlichkeit erstickt wurde. Sie war dagegen gewesen, Sophiechen für unbestimmte Zeit auf dem Hals zu haben. Doch ihr sonst sehr liebenswürdiger Mann zeigte sich in diesem Punkt unnachgiebig. Das Kind war als Waise nun mal in einer misslichen Lage, da gab es kein Wenn und Aber.

Die Baronin seufzte. Das Schlossleben hatte sie sich etwas anders vorgestellt. Da lebte man ja wahrlich noch wie hinter dem Mond. Sie war eine echte Großstadtpflanze mit eigenem Reitpferd im Tattersall und morgendlichen Ausritten im Grunewald, war mit ihren Eltern viel gereist, konnte ein Automobil steuern und erheiterte ihren Ehemann mit Werbesprüchen. »Wie auf des

Berges Spitze der Tourist befriedigt und begeistert ist, dieweil ihm hier die weite Welt und Kaffee Hag so gut gefällt.« Sie war ein quirliges Wesen, das ihm keine Chance gegeben hatte, einen Antrag zu machen. Jedesmal, wenn er ansetzte, schoss ihr irgend etwas durch den Kopf, das sofort in die Tat umgesetzt werden musste, und sie verschwand mit einem: »Einen Moment, ich bin gleich wieder zurück.« Schließlich schaffte er es mit Hilfe eines bestochenen Museumswärters, der, von einem guten Trinkgeld erwärmt, sich bereit erklärte, die beiden einzuschließen, sodass sie ihm nicht entkommen und er seinen ersten Kuss vor einem riesigen Schinken, einen überlebensgroßen Goliath und einen Miniatur-David darstellend, loswerden konnte, wobei er sich, wie er hinterher bisweilen erwähnte, in dem Moment mehr wie Letzterer fühlte. Was auf ihn zukommen würde, wurde ihm jedoch erst richtig klar, als der Schwiegervater ihn nicht nur auf Herz und Nieren prüfte, wie es mit seinen Finanzen stünde, sondern auch, nachdem er eingewilligt hatte, in Tränen ausbrach. Glücklicherweise erwies sich dann später Berlin doch als sehr weit weg und seine geliebte Mix mit drei rasch aufeinander folgenden Geburten so beschäftigt, dass keine Zeit mehr blieb, ständig in die Reichshauptstadt zu fahren, ihrem betrübten Papa die

Hand zu halten und ihm immer wieder zu versichern, dass sie sein Herzepimpel bleibe.

Natürlich war sie nach der Hochzeit voller Tatendrang gewesen und hatte versucht, den Räumen ein wenig Cachet zu geben, was nicht nur die sonst ihr durchaus zugetane Schwiegermutter verstimmte, sondern auch den Ehemann. »Ein wenig Patina gehört zu jeder Tradition«, wurde sie belehrt. So blieb das mottenzerfressene Wildschwein ebenso an seinem Platz wie die aus irgendeinem Grund immer häufiger zu Boden stürzende Ritterrüstung und das strümpfebedrohende Esszimmergestühl.

Alles andere als gut gelaunt, fegte die Baronin durchs Schloss, wobei sie auf dem dunklen Flur auf dem obersten Absatz der Treppe fast über Sophiechen gestolpert wäre, die dort melancholisch saß und ihre Nasenpopel betrachtete. »Mein Gott, was hockst du hier herum, mach lieber deine Schularbeiten.« Das Kind trottete gehorsam davon und begab sich zu Fräulein Lisbeth, die ihr tröstend über den Kopf strich und sie gleichzeitig für ihre ewige Heulerei tadelte, wobei die Jungfer wieder jenen rätselhaften Blick bekam, in dem sich Unmut, Ärger und zärtliches Verständnis mischten.

Die Baronin hatte sich inzwischen ihres Ehemannes bemächtigt und war entschlossen, be-

stimmte Dinge ein für alle Mal zu regeln. »Bleibt uns dieses uncharmante Kind nun für den Rest des Lebens erhalten?«

»Hab noch etwas Geduld. Es wird sich schon eine Lösung finden«, sagte der Hausherr beruhigend, denn die liebe Mix verfügte über ein beachtliches Temperament.

»Und überhaupt«, sagte die Baronin, »komme ich mir hier vor wie in einem Altersheim. Der Diener kann kaum noch servieren, so zittern ihm die Hände, Mamsell sieht so schlecht, dass sie die Gewürze durcheinanderbringt, und Fräulein Lisbeth ist auch nicht mehr das, was sie einmal war. Von dieser Tante Esther gar nicht zu reden. Wieso haben wir die eigentlich seit Jahren auf dem Halse?«

Doch zur Erleichterung der jungen Hausfrau war die Anwesenheit dieser unerwünschten Tante nur noch von kurzer Dauer. Sie starb bald darauf.

»Die arme Lisbeth«, sagte der Hausherr mitfühlend. »Das ist der Schock ihres Lebens.«

»Und was machen wir jetzt mit ihr?«, fragte seine Frau. »Du musst zugeben, für die reguläre Arbeit wird sie langsam zu alt. Da müssen wir uns wohl was einfallen lassen.«

Der Hausherr runzelte die Stirn. »Das hat ja noch Zeit. Es wird sich alles finden.«

Fräulein Lisbeth war gefasster, als der Hausherr gefürchtet hatte. Nur noch schweigsamer war sie geworden. Einer der wenigen Sätze, die sie nach der Trauerfeier von sich gab, war an Sophiechen gerichtet: »Kind, latsch nicht so über den großen Onkel.«

Eine Woche später machte sich die Baronin gemeinsam mit Fräulein Lisbeth daran, Tante Esthers Zimmer zu entrümpeln. Stirnrunzelnd betrachtete sie den herumliegenden Krimskrams. »Hier hätte schon längst einmal aufgeräumt und weggeschmissen werden müssen.«

Die Jungfer warf ihr einen kühlen Blick zu. »Wer trennt sich schon gern von einem Teil seines Lebens.«

Die Baronin lächelte spöttisch. Jetzt kam ihr dieser alte Drachen auch noch philosophisch. Doch dann fiel ihr ein, dass auch sie ihre Lieblingspuppe in die Ehe mitgenommen und ihr sogar einen Platz im Schlafzimmer eingeräumt hatte.

Bei dem Herumkramen fiel ihr das Schildpattkästchen in die Hand, in dem merkwürdigerweise der sonst von Tante Esther so gehütete Schlüssel steckte. Ehe Fräulein Lisbeth es verhindern konnte, öffnete sie es. »Was haben wir denn hier?«

»Bestimmt nichts Interessantes«, sagte das

Fräulein und versuchte vergeblich, der Baronin das Kästchen aus der Hand zu nehmen. Was darin zum Vorschein kam, war jedoch selbst für die junge, aufgeklärte Ehefrau, die van der Velde nicht mehr nötig hatte, starker Tobak. Das Kästchen enthielt Zeichnungen, auf denen Tante Esther hüllenlos, in neckischer Pose, und ebenso Ludwig in Gestalt eines Fauns, mit ihr auf einer Wiese innig verbunden, zu sehen war.

»Man glaubt es nicht«, sagte die Baronin, sichtlich beeindruckt und, wie sie sich eingestand, fast ein wenig neidisch. Dagegen war sie ja geradezu eine Landpomeranze. »Bei Tantchen muss es ja ganz schön flott zugegangen sein. Haben Sie das gewusst?«

Fräulein Lisbeth zeigte sich der Situation erstaunlich gewachsen. »Da müssen Sie sich nichts bei denken, Frau Baronin«, sagte sie gleichmütig. »So was gibt's in jedem Museum zu sehen. Ich finde die Baronesse und den gnädigen Herrn vorzüglich getroffen. Das ist eben Kunst. Wenn Sie mir bitte jetzt das Kästchen geben würden.«

Die Baronin eilte zu ihrem Ehemann und berichtete ihm kichernd, was die gute Tante Esther doch für ein stilles Wasser gewesen war.

Der Baron hörte wie immer nur halb hin. Eine plötzliche Windhose hatte eine große Schneise

in seinen Wald geschlagen. »Erotische Zeichnungen sind doch was sehr Hübsches«, sagte er zerstreut. »Am besten, du gibst alles Fräulein Lisbeth. Die ist sicher dankbar für jedes Andenken an Tante Esther.« Aber dann musste auch er lachen, und plötzlich, von Erbarmen für die Jungfer gepackt, beschlossen sie gemeinsam, das unangenehme Gespräch über deren Zukunft noch ein wenig hinauszuschieben.

Fräulein Lisbeth kam ihnen jedoch zuvor. Sie kündigte. Die Familie stand Kopf. Kündigungen hatte es in diesem Haus noch nie gegeben.

»Darf man nach Ihren Plänen fragen?«, sagte der Hausherr sichtlich gekränkt, als hätte sich sein einst geliebter, inzwischen kaum noch beachteter alter Jagdhund plötzlich aus dem Staube gemacht, denn nun erinnerte er sich wieder, dass ihn Tante Esthers Jungfer als Junge oft getröstet und ermuntert hatte, wenn sein Vater von ihm Dinge verlangte, denen er sich noch nicht gewachsen fühlte. Und das war, wie ihm nun schien, noch gar nicht so lange her.

Fräulein Lisbeth warf ihm einen ihrer schwer zu deutenden Blicke zu, ehe sie antwortete: »Ein Freund des ehemaligen Hausarztes der Baronesse hat mir ein Angebot gemacht. Er will mich als Hausdame in einer kleinen Pension in Berlin beschäftigen.«

»Wir werden Sie sehr vermissen«, sagte der Baron. »Besonders Sophiechen.«

»Die nehme ich mit«, sagte die Jungfer in entschlossenem Ton. »Mit dem Vormund habe ich bereits geredet. Er ist einverstanden.«

»Aber«, sagte der Baron, der das Ganze etwas bedenklich fand, jedoch versuchte, taktvoll zu sein, »so ein heranwachsendes Mädchen, das hat doch so seine Schwierigkeiten, auch finanziell gesehen.«

Letzteres erwies sich allerdings als problemlos. Es stellte sich nämlich heraus, dass Tante Esther so ganz nebenbei ein kleines Vermögen angesammelt und ihrer Jungfer vererbt hatte.

An diesem ereignisreichen Tag kam Sophiechen wie immer zu spät zum Mittagessen ins Esszimmer gestürmt und rief triumphierend: »Fräulein Lisbeth nimmt mich mit nach Berlin, und wir fahren mit der Eisenbahn! Ätschbätsch!«

»Contenance, Comtesse«, sagte Fräulein Lisbeth ruhig, die gerade mit der Suppenterrine ins Esszimmer kam. »Contenance.«

Aber der Abschied war dann doch von Tränen begleitet. Die Zwillinge hatten sich sogar zu einem Geschenk durchgerungen, wenn auch zu einem etwas bedenklichen, einem Katapult. Im Gegenzug bekamen sie Sophiechens Laubfrosch,

der allerdings für Wetterprognosen nicht mehr allzu tauglich schien, denn er glotzte die meiste Zeit schwermütig vor sich hin. Die Streitereien waren vergessen, und man lag sich schluchzend in den Armen.

In den ersten Monaten gingen noch ein paar Briefe hin und her, dann überdeckten andere aufregende Ereignisse auf beiden Seiten die Erinnerung. Und auch die anfänglichen gelegentlichen Gewissensbisse des Hausherrn, dieses ihm anvertraute Kind einfach so ziehen gelassen zu haben, waren verschwunden. Schließlich war ja letzten Endes der Vormund für sie verantwortlich, ein sehr netter, gewissenhafter Mensch. Er würde schon ein sorgsames Auge auf den Lebensweg der Kleinen haben.

»Die Jahre wie die Wolken geh'n.« Wieder einmal begab sich der Hausherr zu einer Stippvisite in die Reichshauptstadt, natürlich rein aus geschäftlichen Gründen. Nach anstrengenden Gesprächen fragte er wie üblich den Portier seines Hotels nach einem passenden Etablissement, in dem man sich nach der schweren Arbeit ein wenig entspannen könne. Der Portier dachte ein Weilchen nach und empfahl dann ein kleines exquisites Haus, das sich seit neuestem bei seinen Gästen großer Beliebtheit erfreute und das durch

sein angenehmes Ambiente allgemein gelobt wurde, zumal dort nur Herren der besten Gesellschaft anzutreffen waren.

Wie der Baron feststellen konnte, hatte der Portier nicht zu viel versprochen. Behaglich lehnte er sich in dem Sessel des geschmackvoll eingerichteten Salons zurück und betrachtete sich wohlwollend eine entzückend aussehende Person, die in ihrer dezenten Aufmachung nicht von einer Standesgenossin zu unterscheiden war und ihm gerade mit zierlicher Hand ein Glas Champagner der Marke »Veuve Cliquot« einschenkte, als ihn plötzlich eine ihm sehr vertraute Stimme geradezu vom Sessel hochriss. Vor ihm stand Fräulein Lisbeth in kerzengerader Haltung und wie immer wie eine Vorsteherin eines Mädchenpensionates gekleidet. Dagegen zeigte die ehemalige Jungfer keinerlei Überraschung, begrüßte ihn nicht anders als früher, wenn er von einer Jagd heimkam, und wirkte weder verlegen noch befangen. Ein kurzer Blick, und das bezaubernde Geschöpf überließ ihr seinen Platz, während Fräulein Lisbeth ihren Gast freundlich anlächelte.

»Hübsch haben Sie's hier«, sagte der peinlich berührte Baron in einer etwas tölpelhaften Weise, um die Situation zu meistern und seine Verlegenheit zu überspielen. »Geht es Ihnen gut?«

»Es könnte nicht besser sein«, sagte Fräulein Lisbeth gelassen, wobei zu einem weiteren Schreck dem Baron Sophiechen wieder einfiel. »Wie geht es dem kleinen Mädchen?«, stammelte er. »Was ist mit ihr?«

Zu seiner großen Beruhigung erfuhr er, dass Fräulein Lisbeths Schützling sich mit Einwilligung des Vormundes in einem Schweizer Internat aufhielt. Weiterhin erfuhr er, dass Fräulein Lisbeth eine eigene kleine Wohnung in einem anderen Stadtteil besaß, in dem Sophiechen ihre Ferien verbrachte. Denn pekuniär ging es der ehemaligen Jungfer ausgesprochen gut.

»Sie sehen«, sagte sie beruhigend zum Baron, »es hat alles seine Ordnung für die Comtesse, wie es sich gehört«, und, im gleichen Tonfall, zu einem leicht beschwipsten, vergnügt ein Sektglas schwingenden, etwas zu laut kichernden Geschöpf gewandt, das an ihnen vorbeihüpfte: »Contenande, mein Kind, Contenance.« Der Baron wurde das unbehagliche Gefühl nicht los, dass auch er damit gemeint war.

Der Gong

Die Zeit rast dahin. Manchmal kommt es einem so vor, als humple man nur noch von Beerdigung zu Beerdigung. Die kommende Generation kann langsam aufatmen: Endlich räumen wir das Feld. Einst waren wir eine große Familie mit mehr als zwanzig Vettern und Kusinen ersten Grades, in Schlössern geboren und auf dem Lande aufgewachsen. Aber nur wenige unserer Jahrgänge sind übrig geblieben. Trotzdem wird der traurige Rest zwischen achtzig und hundert von der tröstlichen Hoffnung genährt, dass noch einige schöne Jährchen vor uns liegen. Beispiel war bis jetzt Vetter Fips, zweiundneunzig, und Anton, der frühere Diener seiner Eltern, achtundneunzig. Doch nun hat es den auch erwischt, diesen wandelnden Knigge, dem niemand etwas vormachen konnte, was gesellschaftliche Formen betraf, und dessen strafender Blick den arrogantesten Leutnant daran hinderte, seine Zigarettenasche weiterhin über Mammchens Blumengestecke zu schnippen.

Antons Tod hat uns aus unserem alltäglichen Trott mit seinen hochinteressanten Überlegun-

gen wie: »Kaufe ich heute Camembert oder Schnittkäse?«, »Lasse ich mir die Haare schneiden?«, »Geh ich raus oder bleib ich lieber drin?« gerissen. Dass er einen sanften Tod gehabt hat, ist ein schwacher Trost. Jetzt ist Vetter Fips die letzte Säule, an die wir uns klammern. Doch schnell kann uns auch dieser Halt genommen werden. Vetter Fips sagt, wir machen ihn halb wahnsinnig, dass wir ihn deshalb dauernd anrufen und uns besorgt nach seiner Gesundheit erkundigen. »Unkraut vergeht nicht«, sagt er und erzählt uns, wie er gerade einen Spickaal zum Abendbrot verzehrt und mit mehreren Klaren nachgespült habe. Und jetzt sei er dabei, sich eine gute Zigarre zu gönnen. Das sei für ihn die beste Medizin. »Macht euch keine Hoffnungen«, raunzt er ins Telefon. »Noch gibt es nichts zu erben« – eine, wie wir finden, recht geschmacklose Bemerkung. Wer von uns ist schon hinter seinen paar Kröten her! Allerdings erwartet der Familienverband, dass seine vom Urgroßvater geerbte goldene Taschenuhr auch in den richtigen Händen landet und nicht etwa, wie es ja leider, leider viel zu oft passiert, in einem Anfall von leichter geistiger Verwirrung bei einer hübschen Krankenschwester.

Fips kann noch am meisten über die Ära Anton im Hause seiner Eltern, Onkel Karl und Mamm-

chen, berichten. Vieles weiß er von seiner Mutter, aber er hat auch eine Menge selbst mitbekommen. So hat er, wenn auch noch fast mit dem Daumen im Mund, erlebt, wie Anton, von seinem Vormund begleitet, ins Schloss kam, ein mageres Kerlchen im Konfirmandenanzug, Gesicht und Hände rot geschrubbt und in ein Duftgemisch aus Mottenpulver, Kernseife und Kuhstall eingehüllt, ein armer Waisenjunge, den bei sich aufzunehmen anscheinend niemand in der Verwandtschaft Lust hatte. Dabei trug er schon damals gewissermaßen den Marschallstab im Tornister, denn, seien wir doch ehrlich: Von uns hat es nach dem letzten Krieg keiner so weit gebracht wie er, der Mitinhaber eines Nobelhotels in Südfrankreich, von der Prominenz, die dort ein- und ausgeht, vertraulich »chez Antoine« genannt. Selbstverständlich haben auch wir, allen Nachkriegswidrigkeiten zum Trotz, unser Leben gemeistert, wenn auch sicher nicht so spektakulär. Einer der Vettern hat es in der Bundeswehr bis zum Oberst gebracht und ist dann auch noch zu seinem rasenden Glück mit einer stattlichen Pension in den Vorruhestand geschickt worden. Vetter Kurt wurde Privatdozent für Tierverwertung, und Fips' Schwester Leonie hielt in einem großen Krankenhaus bis zu ihrer Pensionierung als Oberin die Schwestern in

Schwung. Unsere Kinder haben uns allerdings längst überflügelt. Keins, das nicht eine Universität von innen gesehen hätte, wenn manchmal auch nur sehr vorübergehend. Es ist eine Generation, die ruhelos um den Erdball kreist, sich in Ländern auskennt, die uns nur in unseren Kinderbüchern wie »Die Diamanten des Peruaners« oder »Kreuz und quer durch Indien« begegnet sind. Sie reden, neidisch von uns betrachtet, fließend in fremden Zungen, während wir versuchen, mit unserem holprigen Schulenglisch zurechtzukommen. Gerechterweise muss man sagen, dass es auch für uns Jahre gab, in denen wir wie aus der Koppel ausgebrochene Kühe durch ganz Europa trampelten. Trotzdem, Kritik muss sein. Wir sind nach wie vor der Meinung, dass unser Nachwuchs die Weisheit ein wenig zu sehr mit Löffeln gefressen hat. Sie blicken gönnerhaft von der Höhe ihres Wissens auf uns herab, was sie aber nicht daran hindert, sich ihres von uns ererbten Namens zu rühmen, eines der wenigen Dinge, mit denen wir sie anscheinend nicht enttäuscht haben. Sie wissen das überholte Adelsprädikat sehr zu schätzen und scheuen sich nicht, beim Adressieren ihrer Briefe so angestaubte Bezeichnungen wie »IH« (Ihre Hochwohlgeborene) oder »SH« (Seine Hochwohlgeborene) fröhlich auferstehen zu lassen.

Das müssen doch schöne Zeiten gewesen sein, als die Großeltern noch Viere lang fuhren, auf Geschirr und Scheuklappen der Pferde das jeweilige Wappen in Silber prangte, der Kutscher in Livree mit der Bogenpeitsche grüßte und auf dem Rücksitz des Dogcarts manchmal sogar ein Gnom mit gekreuzten Armen saß. Unerfreuliches wie Internate mit Schlafsälen und preußischem Drill, in denen man nur mit einer Nummer aufgerufen wurde, schlecht geheizte Kinderzimmer, die sich zwei, drei Geschwister auch nachts teilen mussten, und Hauslehrer und Mademoiselles, die gern ihren persönlichen Frust an ihren Zöglingen ausließen, können sie sich nur schwer vorstellen.

Am liebsten hören sie die Geschichten über Anton, denn Diener und Butler stehen in unserer klassenlosen Gesellschaft hoch im Kurs. Deshalb schmücken sie sich gern beim Social Life mit diesen treuen Seelen, um mit der überdrehten High Society mithalten zu können, bei der es inzwischen auf Festen und Hochzeiten nicht unter vierhundert Personen abgeht und eine solche Verschwendung getrieben wird, dass, wie Fips sagt, selbst der olle Nero vor Neid erblasst wäre. »Saure Trauben«, sagen wir dann lachend. Schließlich war auch er nicht gerade ein Kind von Traurigkeit und brachte es fertig, als fünfzehnjähriger Lümmel die Gegend in Auf-

ruhr zu versetzen, weil er auf einer Hochzeit hoch zu Ross im Speisesaal erschien. Zu Hause hätte er sich diesen Streich nie erlaubt. Das hätte nicht nur Onkel Karl, sondern vor allem auch Anton nicht geduldet.

Dabei war Anton nicht gerade mit offenen Armen im Schloss aufgenommen worden. Vor allen Dingen der alte Diener, der ihn unter seine Fittiche nehmen sollte, war strikt gegen ihn. Auch Onkel Karl zeigte sich unschlüssig.

»Der arme Junge«, sagte Mammchen mitleidig, als Vormund und Anton zum Futterfassen, wie es Onkel Karl nannte, in die Küche geschickt worden waren. »Was er für traurige Augen hat.«

»Mir kuckt er eher kiebig«, sagte Onkel Karl mit skeptischem Wohlwollen, dem zwar das Aussehen wenig, aber der trotzige Blick gefallen hatte. Zweifelnd wiegte er den Kopf. »Aber ich weiß nicht recht, diese kieksige Stimme, dieser nervöse Schluckauf. Sehr kräftig wirkt er gerade nicht. Womöglich bricht er uns schon beim Tellerraustragen zusammen. Und außerdem sieht er mir ganz nach Würmern aus« – eine eher sachliche Feststellung, die auch Mammchen nicht aus der Fassung brachte. Würmer, Läuse, Krätze waren auf dem Lande nichts Ungewöhnliches.

»Nun entschließ dich schon«, sagte Mammchen ungeduldig.

Aber so schnell war Onkel Karl nicht umzustimmen. »Wozu brauchen wir überhaupt einen Dienerjungen, jetzt, so kurz nach dem Krieg? Das ist ja das Neueste, was ich höre. So gut ist die wirtschaftliche Lage nun wirklich nicht.«

»Er könnte mir ein bisschen bei meinen Blumen helfen«, sagte Mammchen, »für die ja in diesem Haus wenig Verständnis gezeigt wird.«

»Blumen«, sagte Onkel Karl, »da fehlen mir wirklich die Worte.«

So ging es noch ein Weilchen hin und her, bis Mammchen der Geduldsfaden riss und sie ihren berühmten Nicht-einmal-eine-Hochzeitsreise-war-ich-dir-wert-Blick bekam. Fips' Eltern hatten in einem Oktober geheiratet und anscheinend vergessen, dass die Hochzeit damit direkt in die Hirschbrunft fiel. An eine Hochzeitsreise war also gar nicht zu denken, denn nichts in der Welt hätte Onkel Karl dazu bewegen können, auf den ihm von seinem Freund zum Abschuss freigegebenen stattlichen Hirsch zu verzichten. Selbstverständlich sollte die Reise nachgeholt werden. Doch zu Mammchens Leidwesen kam immer etwas dazwischen, zuerst Fips, der Erbe, dann der Erste Weltkrieg. Dafür war diese ausgefallene Reise für Mammchen inzwischen ein wirksames Druckmittel geworden, wenn Onkel Karl sich ihrem Willen nicht fügen wollte, und

so stand denn auch Antons Einstellung nichts mehr im Wege.

Zunächst sah es nicht so aus, als habe der Junge damit das große Los gezogen. Der alte Diener, von Rheuma und Eifersucht geplagt, zwiebelte ihn mächtig. »Blindschleiche« war noch das Freundlichste, was er ihm an den Kopf warf. Onkel Karl, ein Verfechter von »Hammelbeine langziehen«, »kurze Parade geben«, »Mores lehren« – Grundsätze, die er selbst allerdings selten anwandte –, mischte sich nicht ein. Anders Mammchen. Ihr missfiel die Art, wie der Diener Anton herumhetzte, und sie stellte ihn schließlich zur Rede. Für sie waren die Angestellten allesamt wie ihre Kinder, mit denen man liebevoll, aber streng umgehen musste. Widerworte duldete sie nicht, und wenn jemand bockig reagierte, ging sie mit einem »Seien Sie nicht albern« darüber hinweg. Dafür war ein Appell an ihr mütterliches Herz stets von Erfolg gekrönt. Die Hausmädchen konnten sicher sein, für einen als Grippe getarnten Kater nach einem nächtlichen Schwoof keinen Anpfiff zu bekommen, sondern besorgt ins Bett geschickt zu werden. Sie war deshalb sehr beliebt, und der Diener reagierte auf ihre Mahnung, den Jungen in Ruhe zu lassen, mit einem, wenn auch brummigen: »Jawohl, Frau Baronin.«

Zu Mammchens Beruhigung erwies sich Anton jedoch als hart im Nehmen. Nie kam eine Klage über seine Lippen. Er lernte schnell, seine wachen Augen kuckten sich viel von Mammchen und Onkel Karl ab, und er machte sich rechtzeitig unsichtbar, wenn ein Gewitter in der Küche aufzog oder beim Essen im Speisesaal dicke Luft herrschte. Der alte Diener behandelte ihn milder, denn Anton musste ihn mehr und mehr ersetzen, bis er schließlich an seine Stelle trat.

Trotz des guten Essens veränderte sich seine Figur wenig. Er blieb schmächtig und klein, besaß aber kräftige Muskeln, die ihn mühelos das schwerste Gepäck der Gäste ohne Absetzen bis in die oberen Stockwerke tragen ließen. Nur seine früher kieksige Stimme hatte sich erstaunlich gewandelt, und aus seinem schmalen Brustkorb erklang ein volltönender Bass, der besser zu Onkel Karls kräftiger Gestalt gepasst hätte. Fremde, die ihn hinter der Tür sprechen hörten, reagierten fast erschrocken, wenn sie ihn zu Gesicht bekamen. Seine Stimme brachte ihm bald den Spitznamen »der Gong« ein, ein Instrument, dessen Ruf zum Essen wir manchmal, versunken in unsere Spiele, überhörten. Dann trat Anton auf die Terrasse und erhob seine Stimme, und blitzartig kletterten wir von den Bäumen und flitzten über den Hof ins Haus.

Aus einem unbedarften Jungen war unversehens ein unentbehrliches Faktotum geworden, dessen Herrschsucht und Eigensinn, so verdeckt sie waren, Mammchen und Onkel Karl gelegentlich zur Verzweiflung brachten.

»Anton, die Fußsäcke sind ja schon wieder nicht in der Halle untergebracht!«

»Im Korridor sind sie besser aufgehoben, Frau Baronin. Die Truhe ist abzuschließen. Die Kinder kommen nicht ran, um damit herumzuspielen.«

»Mein Gott, ein einziges Mal haben sie sich als Bären verkleidet!«

»Aber hinterher waren die Pelze voller Sirup.«

»Seien Sie doch nicht albern, Anton. Sie tun ja gerade so, als hätten sie sich förmlich in Sirup gewälzt!«

Sogar bei Onkel Karl versuchte er trotz allem Respekt hin und wieder gegen den Stachel zu löcken. Dabei ging es meist um so geringfügige Kleinigkeiten wie etwa die schweren Vorhänge im Wohnzimmer, die er, wie Onkel Karl fand, im Herbst völlig stumpfsinnig immer zur gleichen Zeit zuzog, egal, wie hell es draußen noch war.

»Was soll denn diese Finsternis hier?«, empörte sich der Onkel. »Draußen ist es doch noch taghell!«

»Aber auch sehr stürmisch, Herr Baron. Die Fenster müssten dringend abgedichtet werden.

Frau Baronin klagt über den ständigen Zug und dass sie bei der Vesper kalte Füße bekommt.«

»Reden Sie doch keinen Unsinn. Wir haben einen herrlichen Spätherbsttag. Fast könnte man auf der Terrasse sitzen.«

»Wenn der Herr Baron meinen«, sagte Anton, ohne auch nur die geringsten Anstalten zu machen, die Vorhänge wieder aufzuziehen. Mit einem ärgerlichen »Unmöglich, dieser Kerl!« verließ Onkel Karl das Zimmer.

Aber im Grunde verstand Anton es, mit diesem leicht cholerischen Menschen umzugehen, ohne sich zu Vertraulichkeiten hinreißen zu lassen. Er musste, wie Onkel Karl sich scherzhaft ausdrückte, in seinem vorigen Leben ein Trüffelschwein gewesen sein. Wenn Onkel Karls Schussligkeit seine Umgebung mal wieder zum Verzweifeln brachte, denn er war ständig auf der Suche, sagte Mammchen nur genervt: »Frag Anton.« Und tatsächlich, schon nach kürzester Zeit lag das für immer verloren Geglaubte wieder auf seinem Platz.

Der Onkel war ein Mann mit Prinzipien und erwartete, dass jedermann sie respektierte, besonders wir Kinder, die man, wie er es nicht oft genug kundtun konnte, allerhöchstens sehen sollte, aber nicht hören. Besonders nicht in der geheiligten Mittagszeit. Regel Nummer eins:

Zwischen zwei und vier herrscht Ruhe im Beritt. Fatalerweise war es gerade diese Regel, mit der er sich selbst ein Bein stellte, und das immer dann, wenn ihn seine Kriegsverletzung so plagte, dass es ihn weniger nach einem Mittagsschläfchen als nach ablenkender Unterhaltung verlangte. Es war mal wieder Anton, der dieses Problem mit Bauernschläue löste. Sobald er merkte, dass aus dem Herrenzimmer kein gewaltiges Schnarchen, sondern leichtes Stöhnen und Fluchen drangen, schlich er zu dem Flurfenster gegenüber der Zimmertür und öffnete es leise. Wenige Minuten später schickte er eines von uns Kindern, es wieder zu schließen, was nicht ohne Lärm abging, da die großen Glasscheiben locker saßen. Prompt öffnete sich die Tür des Herrenzimmers, eine Hand ergriff das zu Tode erschrockene Kind und zog es ins Zimmer, wo aber zu seiner Verblüffung der Onkel statt es, wie erwartet, zur Strafe zum Wegeharken oder Unkrautzupfen zu schicken, ihm Süßigkeiten anbot und es zu einer Partie Schikanöse aufforderte.

Für Anton gab es im Haus eine klare Rangordnung, an deren Spitze die Herrschaft stand, nämlich Onkel Karl, Mammchen und Kunigunde, der Jagdhund, Kuni genannt, Onkel Karls großer Liebling und der Schlüssel zu sei-

nem Herzen wie bei Mammchen die Blumen. Der von ihm Hochgepriesene war ein degeneriertes, überängstliches Geschöpf, das einem dauernd zwischen die Beine geriet und eine Katzenphobie hatte, weil so ein Tier es einmal fürchterlich vermöbelt haben musste. Es genügte, das Wort »Katze« nur zu hauchen, und Kuni kroch winselnd unter den nächstbesten Tisch. Natürlich waren hauseigene wie Gastkinder nicht immer und unbedingt von Mitgefühl mit der Kreatur erfüllt, und so neckten wir das arme Tier, wo wir konnten. Einmal, als wir ihn am Schlossteich im Schilf herumschnüffeln sahen, beugte sich ein Vetter zu ihm herab und schrie: »Katze, Katze!«, worauf Kuni kopflos in den Schlossteich sprang, ihn in rasender Eile durchschwamm und sich zu Anton rettete, der gerade eine Blumenrabatte frisch bepflanzte. Mit anklagenden Lauten schüttelte sie ihm jede Menge Entengrütze, die ihr das Aussehen eines in einen Hund verwandelten Nöck gab, ins Gesicht und legte sich dann platt in die Blumen. Anton war empört. Der Grad seines Zorns war an dem Schluckauf abzulesen, der ihn überfiel, als er uns zur Rede stellte. Er verpetzte uns nicht, aber er strafte uns auf seine Weise. Als wir tags darauf am Katzentisch sitzend bei einem Diner dabeisein durften und uns auf den

köstlichen Schokoladenkrem spitzten, wurde uns statt seiner ein Milchreis vom Tag zuvor serviert, und niemand von uns wagte es, sich bei Mammchen darüber zu beschweren. Wir wussten auch so ihre Antwort: »Wahrscheinlich habt ihr das verdient.«

Doch es war nicht nur der Hund, mit dem Anton Onkel Karls Herz gewann. Es war sein Verständnis für dessen von der Familie wenig beachtete musische Seite. Der Onkel liebte Balladen. Aber es ging ihm mit diesem Steckenpferd wie Mammchen mit ihren Blumen. Niemand zeigte so rechtes Interesse daran, auch Mammchen nicht, obwohl er immer wieder hoffnungsvoll versuchte, sie für diese poetische wie dramatische Literaturgattung zu gewinnen. Er las ihr bei passender Gelegenheit seine Lieblingsballaden vor, darunter auch Schillers »Bürgschaft«, die nicht gerade zu den kürzesten gehört. Zuerst lauschte sie auch ganz willig, nickte dann aber, von gesunder Müdigkeit überwältigt, ein. Und als er mit vor Rührung leicht belegter Stimme rezitierte: »Und blicket sie lange verwundert an, drauf spricht er: ›Es ist Euch gelungen, Ihr habt das Herz mir bezwungen, und die Treue, die ist doch kein leerer Wahn …‹«, wurde er von einem kräftigen Schnarcher unterbrochen. Onkel Karl seufzte melancholisch. Doch plötzlich kamen

Trost und Verständnis von einer völlig unerwarteten Seite.

»Ich sei, gewährt mir die Bitte, in eurem Bunde der Dritte«, ertönte plötzlich eine tiefe Stimme.

Der Onkel fuhr herum. »Was zum Teufel machen Sie denn hier, Anton?«

Der Diener gestand, dass er oft zugehört hatte, wenn der Onkel vorlas. »Herr Baron lesen wirklich ausgezeichnet.« Gemessenen Schrittes verließ er mit einer Vase verwelkter Blumen das Zimmer.

»Hat man da noch Worte?«, murmelte Onkel Karl.

Mammchen gähnte herzhaft. »Keine. Aber was ich bin, ich geh jetzt ins Bett.«

»Und ich«, sagte der Hausherr missgelaunt, »hol mir noch einen Apfel«, was so viel hieß wie »einen Cognac«, ein Wort, das zunächst nur in Gegenwart der Kinder, dann überhaupt vermieden wurde. Onkel Karl liebte Äpfel sehr.

»Da wirst du kaum Glück haben«, sagte Mammchen, »oder du müsstest dich in den Keller bemühen. Die Flasche ist leer.«

Onkel Karl stand auf. »Wir werden sehen«, sagte er und ging ins Speisezimmer zur Anrichte, wo der fürsorgliche Anton bereits für Nachschub gesorgt hatte. Doch diesmal versagte der Stim-

mungsaufheller. Weiterhin missgestimmt und mit seiner Frau hadernd, kehrte er ins Wohnzimmer zurück. Obwohl sie deutlich angekündigt hatte, ins Bett gehen zu wollen, ihr Stuhl also leer war, fragte er vorsichtig: »Mammchen?«, als könne sie sich hinter dem Vorhang versteckt haben. Dann ging er zum Grammophon und legte eine Platte auf, worauf der Pariser Einzugsmarsch durchs Schloss dröhnte.

Mammchen kam zurückgefegt. »Du weckst ja das ganze Haus!«

»Mein Haus«, sagte der Onkel trotzig.

»Sei bitte nicht albern«, sagte Mammchen nachsichtig.

Wir Kinder hingen an Anton wie die Kletten und hatten vor ihm mindestens so viel Respekt wie vor Onkel Karl, der bei aller Raubeinigkeit eine mitfühlende Seele war und uns ein aufmunterndes »Na ja, lass den Kopf nicht hängen!« zurief, wenn wir, den Daumen im Mund, trübetümpelig durch die Gegend trabten, sich aber sonst wenig um uns kümmerte. Anders Anton. Er spielte uns gegenüber gern den Haushofmeister und erzog an uns herum: »Latsch nicht so durch die Gegend«, »geh gerade«, »mach einen anständigen Diener«, »wasch dir gefälligst die Hände«, »lüg mich nicht an!« Und wenn wir mit vor Schmutz starrenden Schuhen durch das

Schloss trabten, das Geländer als Rutschbahn benutzten oder uns heimlich über Onkel Karls Zigarren hermachten, ließ er uns so lange links liegen, bis wir demütig um Entschuldigung baten. Doch oft genug war er der Retter in der Not, wenn wir etwas ausgefressen hatten, uns nachts ein kleines Missgeschick passierte, weil wir uns gruselten, aufs Klo zu gehen, oder zu lange im kalten Wasser des Springbrunnens geplantscht hatten. Anton beseitigte das Malheur, ehe es vom Hausmädchen bemerkt wurde, ohne ein Wort darüber zu verlieren. Er verarztete aufgeschlagene Knie, entfernte kopfschüttelnd im Arm steckende Angelhaken oder Dornen und spielte bei dem überängstlichen Mammchen, kursierten doch genug Geschichten von im Heu erstickten, vom Dach gestürzten und von Beeren vergifteten Kindern in der Gegend, unseren Fürsprecher. In seinem Beisein durften wir die Ackerpferde nach der Arbeit in die Schwemme reiten und mit den neu angeschafften Ponys herumkutschieren. Besondere Höhepunkte waren die von ihm arrangierten Kindergeburtstage mit Würstchenschnappen, Sackhüpfen, Eierlaufen und Pfandspielen. Daher erkundigten wir Gastkinder uns beim Kutscher, der uns vom Bahnhof abholte, als Erstes nach ihm: »Und wie geht es Anton?«

»Wie soll's ihm schon gehen, dem Schnösel«, sagte der Kutscher griesgrämig, der den Diener nicht mochte, und versetzte den Pferden eins mit der Peitsche.

Einen weiteren Stein im Brett hatte Anton bei den Gästen, war er doch stets der Retter in der Not. »Den Schlüssel vom Koffer verloren? Kein Problem, das haben wir gleich.« Eine nagende Maus im Zimmer? Das Leben dieses armen Tieres währte keine weitere Nacht. Die Schublade klemmte? Ein bisschen Bienenwachs, und sie war wieder in Ordnung. Der bellende Husten des alten Tantchens weckte das Haus? Schon standen Kräutertee und ein Schälchen Honig auf dem Nachttisch. Zufrieden hörte sich Onkel Karl das Lob über diese Perle an und tat, als sei das allein sein Verdienst. »Von nichts kommt nichts, man muss so einen Jungen schon ein bisschen an die Kandare nehmen. Ihr hättet ihn mal sehen sollen, als er zu uns kam«, pflegte er zu sagen.

An diese erbärmliche Verfassung des heute so selbstbewussten und leicht über alles die Nase rümpfenden Anton, für den es mehr Gesocks als ordentliche Leute gab, erinnerte sich fatalerweise die Mamsell noch recht deutlich, und so versuchte sie, wenn auch vergeblich, ihm die Allüren, die er sich zugelegt hatte, auszutreiben.

So verlangte Anton – inzwischen immer tadellos in Schale, die gestreifte Dienerjacke fleckenlos, nun keineswegs mehr nach Kernseife duftend, sondern nach einem guten Rasierwasser, das ihm Onkel Karl spendiert hatte –, dass in der Leutestube, wo das Personal die Mahlzeiten einnahm, der Tisch genauso proper gedeckt war wie für die Herrschaft, mit Tischtuch, gestärkten Servietten und anständigem Porzellan. Auch reizte Mamsell, dass Anton es wagte, am Küchenpersonal herumzuerziehen, und ein angewidertes Gesicht machte, weil die Tischmanieren nicht comme il faut waren und das Küchenmädchen seine fleckige Schürze anbehalten hatte. Schließlich war die Küche Mamsells Revier, und auch wenn die Kleine ihren Zeigefinger tief in ihre Nase bohrte, war nur Mamsell berechtigt, sie dafür zu tadeln. »Nimm den Teller nicht zu voll«, mahnte sie das kichernde Mädchen. »Herr Anton ist mit einem goldenen Löffel im Mund geboren. Volle Teller sind ihm ein Gräuel.«

Anton lächelte dünn, und der Blick, den er ihr zuwarf, hätte sie warnen sollen.

Aber Mamsell legte gern noch einen drauf. »Und bind dir gefälligst die schmuddlige Schürze ab, wenn du dich an den Mittagstisch setzt. Bei Herrn Antons Mutter durften sogar die

Schweine nur mit einer weißen Schürze gefüttert werden.« Die Stubenmädchen grinsten, man genoss diese Sticheleien.

Doch der Gegenstoß ließ nicht lange auf sich warten. Wie alle exzellenten Köche setzte auch Mamsell Lob von jedermann voraus, und trotz ihres Selbstbewusstseins war sie so süchtig danach, dass sie es sich, wenn Gäste zu Tisch gebeten waren, nicht verkneifen konnte, Anton auszufragen, wie denn ihr Menü aufgenommen worden war.

»Mir hat es sehr gut geschmeckt«, sagte Anton.

»Wollen Sie damit sagen, dass die Herrschaften nicht zufrieden waren?«, fragte die Mamsell argwöhnisch. »Wer von ihnen hat denn an meinem Omelette surprise herumgemeckert?«

»Von Meckern habe ich nichts gesagt.« Anton setzte die leeren Schüsseln vorsichtig ab. »Die Frau Baronin hat sich nur bei Frau von Rechberg entschuldigt, dass es nicht so locker wie sonst ist. Liegt wahrscheinlich an den eingelegten Eiern, hat sie gesagt. Und auf frische muss man wohl noch warten.«

»Ein Omelette surprise von eingelegten Eiern! Wie kommt die Frau Baronin nur darauf.«

»Ich würde es nicht so tragisch nehmen«, sagte Anton mit falscher Sanftheit. »Es hat ge-

läutet, ich muss nach oben.« Er stand auf und ließ eine zerschmetterte Mamsell zurück, die, um sich Luft zu machen, das Küchenmädchen ankeifte:

»Schneuz dir gefälligst die Nase, dein Geschniefe ist ja nicht auszuhalten!«

Dieses Scharmützel zog sich zu Mammchens Missvergnügen über Monate hin, aber sie hielt sich diesmal an den Spruch »Wer sich in andere Sachen mischt, hat nur den Ärger, weiter nischt«, bis Antons Überheblichkeit eines Tages einen gehörigen Dämpfer erhielt. Zu seinem Entsetzen tauchten drei Mitglieder seiner längst vergessenen Familie im Schloss auf, ein ungepflegtes, unangenehm lautes Ehepaar mit einem Sohn in demselben Alter wie Anton, als er Dienerjunge war. Und sie hatten denselben Wunsch wie damals sein Vormund, nämlich ihren Sprössling im Schloss unterzubringen. Antons Stimme klang merkwürdig flach, als er sie mit steinernem Gesicht seiner Herrschaft meldete. Glücklicherweise bestand keinerlei Interesse an einem Dienerjungen.

Onkel Karl schien zu ahnen, was in dem Diener vorging. »Na, Anton, wie wär's mit einem Apfel?«, sagte er, als das Ehepaar samt Kind wieder gegangen war. Anton nickte dankbar. Dann ging er etwas gestärkt, aber auf alles gefasst,

entschlossen in die Küche. Doch die Mamsell zeigte weit mehr Format, als der hochmütige Anton ihr zugetraut hatte. Sie ging auf den Besuch gar nicht ein, sondern sagte nur wie nebenher, während er ihr half, den Fleischwolf festzuschrauben: »Für seine Familie ist niemand verantwortlich.«

Von da an herrschte Burgfrieden, und beide waren bemüht, sich mit ihren Kompetenzen nicht in die Quere zu kommen.

»Der arme Junge«, sagte Mammchen bei der Vesper zu Onkel Karl und lachte ein wenig. »Der Schock seines Lebens. Aber es waren ja wirklich grauenhafte Menschen.«

Onkel Karl nickte zustimmend. »Vielleicht war dieser kleine Dämpfer mal ganz gut für unseren selbstgerechten Anton. Denk nur an das Chiffontuch, das dir von dem Stubenmädchen gemaust worden ist. Was hat er sich darüber entrüstet! Ich glaube, es wäre ganz in seinem Sinn gewesen, sie zu entlassen. Dabei habe ich bei ihm oft das starke Gefühl, dass nicht jede Weinflasche unbedingt auf unserem Tisch landet.«

Mammchen und Onkel Karl handelten nach dem Sprichwort: »Man soll den Ochsen, der da drischt …« und machten daher feine Unterschiede zwischen »mausen« und »stehlen«. Gemaust wurde vom Kutscher der Hafer für seine

Hühner, die Milch vom Schweizer neben dem Deputat für die Familie, Bohnenkaffee von der Köchin für die Verwandtschaft und von den Stubenmädchen gelegentlich auch einer von Onkel Karls Schlipsen für den Freund, was, wenn es nicht überhand nahm, nur milde gerügt wurde.

Mammchen lachte. »Du hast Recht. Der gute Anton misst gern mit zweierlei Maß. Aber dafür besitzt er Qualitäten, die ich bei euch oft vermisse. Er geht wenigstens sehr achtsam mit den Kostbarkeiten in diesem Hause um. Nie käme er auf den Gedanken, Silberbesteck für die merkwürdigsten Dinge zu missbrauchen, etwa mit einem Suppenlöffel den Lehm vom Stiefel zu kratzen.«

Und in der Tat, im Laufe der Jahre hatte sich Anton ein ganz passables Wissen über die vielen Antiquitäten im Haus und die verschiedenen Stilarten angeeignet, wobei sein persönlicher Geschmack nicht unbedingt dem von Onkel Karl entsprach. Besonders hatten es ihm alte Gläser angetan, und er war ganz entzückt von der künstlerischen Gestaltung eines reich verzierten, farbenprächtigen Pokals, den nicht nur Onkel Karl, sondern auch Mammchen besonders scheußlich fand. Vor allem beeindruckte ihn, dass diese Kostbarkeit einst einem Vorfahren von Maria Theresia persönlich überreicht

worden war und deshalb einen beträchtlichen Wert besaß. Vergeblich versuchte der Diener, diesem Glanzstück einen gebührenden Platz im Salon oder wenigstens im Wohnzimmer einzuräumen und es nicht in einer Vitrine zwischen anderen Gläsern zu verstecken. Doch da stieß er bei Mammchen auf hartnäckigen Widerstand, bis der gutmütige Onkel schließlich nachgab und, um Anton eine Freude zu machen, den Pokal mit Erde füllte, eine kurz vor dem Aufblühen befindliche Hyazinthe hineinpflanzte und das Ganze auf seinen Schreibtisch stellte. Anton war erschüttert, gab einen erstickten Laut von sich und bekam seinen berühmten Schluckauf. Onkel Karl war tief gekränkt. »Nie kann man es in diesem Hause irgend jemandem rechtmachen«, brummte er, pfiff nach Kuni und verließ grollend das Haus.

Doch wenn Onkel Karl sich auch gelegentlich über Anton ärgerte, nie hätte er ihn vor uns gerügt. Auch für Onkel Karl gab es eine Rangordnung, und in der standen Kinder an letzter Stelle. Vorlautes Benehmen und Eigenmächtigkeit gegenüber dem Personal duldete er nicht, und Gnade dem, der sich nicht daran hielt. Das bekam ein fünfzehnjähriger Laps von Neffe sehr unangenehm zu spüren. In der irrigen Annahme, Mammchen und Onkel Karl seien von

einer abendlichen Einladung noch nicht zurückgekehrt, befahl er, um vor den anderen anzugeben, dem Diener in forschem Ton: »Bei uns staubt's im Glase, Anton. Holen Sie uns was zu trinken, aber drei Kreuze reiten!« – ein Ausspruch Onkel Karls aus seiner Militärzeit, der für einen Melder das schnellste Tempo bedeutete. Als sein Onkel nun so unerwartet vor ihm stand, schrumpfte der Angeber sichtlich zusammen, denn das Gesicht des Onkels verhieß nichts Gutes. »Drei Kreuze reiten wirst du jetzt, mein Junge, und zwar in dein Bett.«

Der Junge richtete sich empört auf. »Aber ich bin doch schon fünfzehn!«

Onkel Karl lächelte böse. »Gut, dass du mich daran erinnerst. Ich habe deshalb auch eine sehr verantwortungsvolle Aufgabe für dich. Du kannst morgen helfen, das Jungvieh für die Auktion von der Koppel zu holen, und anschließend dem Schweizer beim Putzen. Aber du solltest nicht vergessen, dich hinterher ordentlich zu waschen. Mammchen ist gegen Kuhstallgeruch empfindlich.«

Anton lächelte amüsiert, aber ohne Schadenfreude. Bestimmt hätte er sich allein zu wehren gewusst, auch wenn er sonst gern die Mimose spielte und, wenn er sich auf die Füße getreten fühlte, noch lange nach Feierabend schmollend

in der Silberkammer saß und anklagend auf irgendwelchen Tabletts herumrieb.

Mammchen, die stolz darauf war, dass ihre Angestellten bei Bauernsöhnen und Mädchen in den benachbarten Dörfern als begehrenswerte Heiratskandidaten galten, weil sie eine Menge gelernt hatten, begann sich Sorgen um Antons etwas unbeständiges Liebesleben zu machen. Anstatt ans Heiraten zu denken, schien er etwas mit der Förstersfrau angefangen zu haben. »Stimmt das, Karl?«

»Woher soll ich das wissen«, sagte der Onkel, der sich mehr für die Brunft von Hirschen und Rehböcken interessierte als für die seiner Angestellten.

Mammchen ließ nicht locker. »Aber du kommst doch mehr in der Gegend herum als ich. Da wirst du doch irgendeine Bemerkung darüber gehört haben.« Der Onkel gab einen missbilligenden Laut von sich und strebte zur Tür.

»Nicht schon wieder einen Apfel!«, sagte Mammchen energisch.

Er drehte sich um. »Das überlass bitte mir!«, sagte er mit unerwarteter Heftigkeit. »Hör auf, dich in Sachen zu mischen, die dich nichts angehen.«

Mammchen schnappte nach Luft. »Eine Laune hast du wieder! Wer ist denn hier sonst der

Moralapostel im Haus! Das bist doch wohl du. Die arme Leonie durfte mit siebzehn nach einem Fest nicht einmal in einem Hotel übernachten und wurde von dir der grausigen Tante Margot aufs Auge gedrückt, die sich am liebsten mit gezogener Pistole neben ihr Bett gesetzt hätte!«

Aber so sehr Anton an Mammchen hing, ihren Wunsch, ihn als Ehemann einer netten, ordentlichen Frau in einem netten, ordentlichen Haus mit netten, ordentlichen Kindern zu sehen, erfüllte er ihr nicht. Nach seiner Erfahrung mit seiner eigenen Familie zog er anscheinend das Junggesellenleben vor. Dafür kam er viel herum, was auch für das Ehepaar von Vorteil war, das mit seiner naiven Ansicht »Wo wir sind, ist oben, und alles andere kümmert uns nicht« hin und wieder ins Fettnäpfchen trat. Anton aber witterte rechtzeitig, wann seine Herrschaft damit in Schwierigkeiten geraten konnte, besonders, als nach 1933 Parteigenossen Landratsämter, Gemeinden und Kreisverwaltungen durchsuppten. So überredete er den Onkel, zu den Jagden den Kreisjägermeister einzuladen, von dem behauptet wurde, er könne einen Fuchs nicht von einem Hund unterscheiden, ebenso den Kreisbauernführer und den Landrat. Als Onkel Karl aber hörte, dass die Einladung tunlichst auch für das anschließende

Diner gelten sollte, quiekte er wie Kuni und rief: »Dieses Gesocks auch noch an meinem Tisch!«

Bei dem Wort »Gesocks« fuhr Anton zusammen, aber Mammchen pflichtete ihm bei. »Er hat völlig Recht. Ein sehr kluger Rat.«

»Und dann noch mit Frauen!« Onkel Karl wankte zur Anrichte. »Es ist nicht zu fassen! Meine Frau überredet mich, mit den Wölfen zu heulen.«

»Wölfe ist wohl reichlich übertrieben«, sagte Mammchen. »Es sollen ja auch ganz ordentliche Leute darunter sein, sogar einer der Hohenzollernprinzen und mehrere adlige Damen von dem Königin-Luisen-Bund. So konnte es ja auch nicht weitergehen. Überall Mord und Totschlag.«

Dank Anton sahen die Gäste das Schloss und seine Bewohner denn auch in völlig neuem Licht. Irgendwie doch sehr vaterländisch denkend, der alte Herr, vielleicht schon ein wenig starr in seinen Ansichten, aber alles in allem doch gute Deutsche. Und dieser Pokal – Anton hatte es geschafft, das Prunkstück der Vitrine im Wohnzimmer als Blickfang zu installieren –, ein Geschenk der Kaiserin Maria Theresia, und noch dazu aus dem Land des Führers! Wirklich beeindruckend. Die weiblichen Gäste waren sehr angetan, denn Anton umtanzte sie, als wären sie vom Hochadel. Ein wenig später allerdings, nachdem

er ihnen mit respektvoller Fürsorge in die Mäntel geholfen hatte und feststellen musste, dass der Teller für die Trinkgelder unberührt geblieben war, fiel sein Eifer sichtlich in sich zusammen, und er überließ den Rest der Arbeit den Hausmädchen.

Es war meiner Generation nicht beschieden, ihre Jugend zu genießen. Der Zweite Weltkrieg brach aus. Als Erstes verschwanden die jungen Männer von der Bildfläche. Doch bald traf es fast jeden für den Krieg geeigneten Jahrgang, bis auf wenige Ausnahmen, zu denen wegen seiner schweren Verwundung aus dem Ersten Weltkrieg auch Onkel Karl gehörte, und erstaunlicherweise Anton. Onkel Karl schaffte es, dass er dem Schloss erhalten blieb. Der Junge konnte ja an manchen Tagen vor Schluckauf kaum atmen. Irgendwas musste an der Speiseröhre nicht in Ordnung sein. Das fand auch der untersuchende Stabsarzt und ließ sich das Geschenk, einen erstklassigen Rehrücken, schmecken.

In den nun folgenden einschränkenden Kriegsjahren stellte die Herrschaft voller Erstaunen fest, dass sich Anton zu einem Universalgenie entwickelte. Er organisierte Einweckgläser, Glühbirnen, Briketts, den notwendigen Zucker zum Einmachen und zeigte beachtliche handwerk-

liche Talente. Er brachte qualmende Kachelöfen wieder in Schwung, er flickte durchgebrannte Sicherungen, als es keinen Ersatz mehr dafür gab, und taute mit viel Geschick und Fingerspitzengefühl eingefrorene Leitungen mit dem Lötkolben auf. Er kutschierte Mammchen in die Kreisstadt, half in der Tischlerei, ging dem Hufschmied zur Hand und machte sich, so gut er konnte, in der Küche nützlich, wo Mammchen, die ohne Mamsell auskommen musste, mit Hilfe eines tolpatschigen Pflichtjahrmädchens versuchte, ihre in jungen Jahren erworbenen Kochkenntnisse wieder aufzufrischen, was ihr aber nur sehr unvollkommen gelang. Soßen gerieten entweder zu dick oder zu dünn, schmeckten, wie Onkel Karl sich ausdrückte, weder nach ihm noch nach ihr und weckten bei ihm unangenehme Erinnerungen an die Ritterakademie.

Glücklicherweise nahte die Rettung in Gestalt eines französischen Kriegsgefangenen, dessen Talente Anton entdeckt hatte. Das kleine Kriegsgefangenenlager war in einem leerstehenden Gebäude im Hof untergebracht. Von dort aus wurden die Franzosen auf den männerlosen Höfen für die Landwirtschaft eingesetzt. Anton hatte guten Kontakt zu den beiden Wachleuten, die ihren Dienst eher lässig nahmen – schließlich galten Franzosen, ebenso wie Engländer,

nicht als Untermenschen, und es war durchaus erlaubt, ein Auge zuzudrücken, zumal sie sich bei den Bäuerinnen großer Beliebtheit erfreuten und so manches Stück Butter, Speck und anderes Wohlschmeckendes vom Schwein für die Wachmänner abfiel. Von ihnen erfuhr Anton, dass unter den Gefangenen auch ein exzellenter Koch sei. Er dachte sofort an Mammchen und fühlte dem jungen Mann ein wenig auf den Zahn.

»Der gute Anton«, sagte Mammchen gerührt, »überglücklich, dass er mir helfen kann.«

»Ja, das ist er«, sagte Onkel Karl, »und so, wie er uns diesen Marc schildert, scheint er genau der Richtige zu sein. Ich werd mal mit den Wachleuten sprechen.«

Die Bewacher zeigten sich sehr entgegenkommend, zumal man ihnen versprach, sie von nun an aus der Schlossküche mit zu versorgen. Nur die Bäuerin, bei der der junge Franzose bis jetzt gearbeitet hatte, klagte bitterlich. Er hatte sie oft zum Lachen gebracht und ihr flotte Melodien auf seiner Mundharmonika vorgespielt.

In der Schlossküche ging es von nun an sehr fröhlich zu, und was immer auch auf den Tisch kam, Onkel Karl konnte die Ritterakademie vergessen. Dafür begann Mammchen sich Sorgen um die Tugend des Pflichtjahrmädchens zu machen. »Feuer und Flamme für unseren Marc«,

sagte sie zu Onkel Karl. »Was meinst du, soll ich mal mit ihr reden? Schließlich sind wir für sie verantwortlich.«

»Lass es«, sagte Onkel Karl. »Anton hat ja seine Augen überall. Der wird schon aufpassen.«

»Na hoffentlich«, sagte Mammchen etwas säuerlich. »Im Delegieren ist er jedenfalls groß. Der arme Marc muss jetzt nicht nur die Fenster, sondern auch die gesamten Schuhe im Haus putzen, sogar die von ihm.«

Onkel Karl lachte. »Der geborene Spieß, unser Anton.«

Anton zeigte sich nun mal gern als Lehrmeister. Als er erfuhr, dass Marcs Eltern ein kleines Hotel besaßen, gab er seine im Schloss erworbenen Weisheiten mit Hingabe weiter, egal, ob es sich um Tisch decken, Servieren, Einschenken, die Auswahl des Weins, Gäste begrüßen oder die Pflege des Parketts handelte. Marc war ein gelehriger Schüler und zeigte zu Antons Freude die gleiche Bewunderung wie er für den Pokal. Dafür mühte sich der Franzose, ihm Französisch beizubringen. »So eine reizende Freundschaft«, sagte Mammchen verträumt.

Onkel Karl räusperte sich. »Und wie gut er unserem Anton tut. Er ist wie ausgewechselt.« Plötzlich nämlich schien Anton nachzuholen, was man ihm als Kind verwehrt hatte: herum-

zualbern. Und das taten die beiden Männer ausgiebig. Sie benutzten sogar, was uns Kindern streng verboten gewesen war, das Geländer als Rutschbahn, sodass der sonst so würdevolle Anton plötzlich vor Onkel Karls Füßen landete. »Nun mal nicht so außer Rand und Band«, sagte Onkel Karl milde.

Aber dann schien etwas vorgefallen zu sein. Marc sang nicht mehr lauthals beim Kochen, und seine Kochkünste ließen merklich nach. Anton wurde schweigsam und reichte zerstreut statt des Salats die Kartoffeln. Eines Tages zwang ein heftiger Schluckauf beim Servieren den Diener sogar, den Speisesaal zu verlassen.

Am Tag darauf war der Franzose verschwunden. Mammchen fürchtete das Schlimmste für die Wachleute. Doch glücklicherweise war der Krieg schon zu weit fortgeschritten, als dass die Behörden noch Gedanken an einen entflohenen Franzosen verschwendeten. Zur allgemeinen Überraschung kam einige Wochen später eine verschlüsselte Karte ins Haus geschneit, der Onkel Karl entnehmen konnte, dass Marc glücklich zu Hause im unbesetzten Frankreich gelandet war.

»Na, da freut sich aber einer«, sagte Onkel Karl, und Anton lächelte verlegen. »Man macht sich halt so seine Gedanken, Herr Baron.«

»Ja, das machen wir uns alle. Wir haben mit den Wölfen nicht nur geheult, sondern auch getanzt.«

Anton sah ihn verständnislos an. »Wenn der Herr Baron meinen.«

Die Stimmung im Schloss wurde von Tag zu Tag gedrückter. Zwei Brüder von Fips waren kurz nacheinander gefallen, Leonie pflegte irgendwo in Polen Verwundete im Lazarett. Sogar das Schloss schien zu trauern. Viele Zimmer wurden nun nicht mehr benutzt, und Spinnen und Mäuse machten es sich dort gemütlich, wie die Marder auf den weiträumigen Böden, über die sie unbehelligt und fröhlich tobten.

Jedes Mal, wenn Fips, unser Geschichtenerzähler, auf die letzten Wochen und Tage in seiner Heimat zu sprechen kommt, wird seine Stimme heiser, und er muss sich häufig räuspern, vor allen Dingen bei der Schilderung der letzten gemeinsamen Abende kurz vor Kriegsende, die er mit seinen Eltern noch verleben konnte, ehe er nach einem Armdurchschuss wieder an die Front musste. Zu dritt standen sie unter einem hohen Sternenhimmel schweigend auf der Terrasse und nahmen in Gedanken von etwas Abschied, in der Ahnung, dass es unwiederbringlich war. Die Anzeichen der näherrückenden Front, das ferne Donnern und Aufblit-

zen des Artilleriefeuers waren zu spüren. Doch die melancholische Stimmung sei jäh von Antons kräftiger Stimme unterbrochen worden, der sich selbst trotz zweier gespendeter Hasen beim Wehrkreiskommando melden musste und deshalb ziemlich durcheinander war. Mit einem besorgten »Frau Baronin werden sich in dem dünnen Kleid noch den Tod holen« hatte er Mammchen etwas fürchterlich Stinkendes um die Schultern gelegt, weil er in der dunklen Halle statt ihres Plaids eine von jemandem sorglos auf die Truhe geworfene Hundedecke erwischt hatte.

So realistisch Onkel Karl und Mammchen die Situation auch sahen, sie hatten wie alle Menschen die Hoffnung, an ihnen würde der Kelch vorübergehen und sie würden mit einem blauen Auge davonkommen. In gewisser Weise geschah das ja auch. Als Fips' Eltern nach der Flucht wieder einigermaßen zur Besinnung kamen und das Schlimmste überstanden war, fanden sie sich wohlbehalten in der Wohnung einer Witwe wieder, deren gute Stube vom Wohnungsamt für Flüchtlinge beschlagnahmt war. Für die Witwe waren Mammchen und Onkel Karl dasselbe wie für die Nationalsozialisten Polen und Russen, und so erschien sie voller Sorge alle Augenblicke im Zimmer, um nach ihrer Nippessammlung zu

sehen, die zwar wohlverwahrt in einem Glasschrank stand, zu dem aber leider der Schlüssel fehlte, sodass sie vielleicht den diebischen Fingern dieses Flüchtlingspacks ausgesetzt war. Beim Anblick dieser gesammelten Scheußlichkeiten wurde Mammchen jedes Mal an die schönen Gläser in der Vitrine im Schloss erinnert, und Onkel Karl meinte: »Wahrscheinlich alles von den Russen zerdeppert. Am wenigsten tut es mir um unser Prunkstück leid, zu hässlich, das Ding.«

Allmählich fing das Leben wieder an, sich zu normalisieren. Mammchen und Onkel Karl fanden nicht nur eine kleine Wohnung, zu ihrer großen Überraschung tauchte auch plötzlich der Diener wieder auf, von dem sie angenommen hatten, dass er, wenn nicht gefallen, zumindest in Kriegsgefangenschaft war. Aber Anton mit seiner Bauernschläue hatte sich rechtzeitig von der Truppe abgesetzt, die sowieso nur noch aus ein paar Greisen und Kindern bestand, und war sogar noch einmal über die Grenze gegangen und ins Schloss zurückgekehrt. Was er zu berichten wusste, war wenig erfreulich. Immerhin war es ihm gelungen, in dem Durcheinander, das herrschte, noch ein paar kleine Kostbarkeiten zu retten, darunter Mammchens geliebtes aufschraubbares Stopfei aus Elfenbein mit sei-

nen zierlichen Nähutensilien darin. Auf vielen Umwegen hatte er es danach tatsächlich geschafft, nach Frankreich zu kommen, und dort mit Marcs Hilfe eine neue Heimat gefunden. Während Marc für das leibliche Wohl der Gäste zuständig war, hatte er die Direktion des kleinen, aber exquisiten Hotels übernommen. Einige Jahre später, kurz vor ihrem Tod, besuchten Mammchen und Karl die beiden noch einmal, und Mammchen war glücklich, so liebevoll von Anton umsorgt zu werden. Zehn Jahre später übernahm er mit seinem Freund ein Fünfsternehotel.

Damals hatte sich die Nachricht über Antons Auftauchen den Umständen gemäß nicht gerade in Windeseile verbreitet, sondern war allmählich in der Familie durchgesickert. Das ist nun viele Jahrzehnte her und fast schon Geschichte geworden, aber während wir wenigen Familienmitglieder in Fips' gemütlicher Dreizimmerwohnung einem guten Wein zusprechen, ist die Erinnerung daran wieder sehr lebendig.

»Ich muss euch mal was zeigen.« Fips steht auf und kommt mit einer Zeitschrift zurück, in der Antons Hotel warm empfohlen wird. Interessiert betrachten wir uns die Bilder. Darunter ist eins, in dem Anton, neben einer kleinen Glasvitrine stehend, würdig in die Kamera kuckt.

»Habt ihr ihn entdeckt?«, fragt Fips.

»Wen denn?«, fragen wir erstaunt.

Er deutet auf die Vitrine. Und da steht er, auf einem kleinen samtenen Podest, das Glanzstück der Familie: der Pokal von Maria Theresia.

»Sieh an, sieh an«, sage ich. »Wer hätte das von diesem Tugendbold gedacht? Ob Mammchen und Onkel Karl wohl davon wussten?«

»Bestimmt«, meint Fips mit einem halb säuerlichen, halb belustigten Lächeln. »Anton war nun mal ihr Anton. Nach dem Kladderadatsch am Kriegsende kam es auf diesen Pokal ja nun auch wirklich nicht mehr an, so wertvoll er sein mochte. Wenn überhaupt, fällt er höchstens in die Kategorie ›mausen‹. Immerhin hatte Anton viel riskiert, und er hatte die Eltern nie im Stich gelassen. Leonie und ich hätten da vielleicht … egal. Eins jedenfalls steht fest: Anton war schon ein besonderer Mensch – mit einer besonderen Stimme.«

Wir lachen. Und für einen Augenblick tauchen vor mir Schloss und Park wieder auf mit dem dahinterliegenden, vor dem Schnitt stehenden Gerstenfeld, das mit seinem Gelb einen so strahlenden Kontrast zu den dunklen Bäumen bildet. Ich sehe uns im Springbrunnen herumplantschen und höre Antons tönende Stimme, die uns energisch zum Mittagessen ruft: »Jetzt

aber ein bisschen plötzlich, die Herrschaften!« Kichernd und uns gegenseitig schubsend, wetzen wir, wie ein Wurf Welpen zum Futternapf, vergnügt über den Rasen zum Schloss.

Die Monstermücke

Heute, wenn sogar die Großmütter, ohne mit der Wimper zu zucken, zur Kenntnis nehmen, dass der neue Freund ihrer Enkeltochter, in ihren Augen beide halbe Kinder, schon mit ihr das Schlafzimmer teilt, fällt es der jungen Generation schwer, sich vorzustellen, was es für ein Mädchen damals gesellschaftlich bedeutete, einen »Ruf« zu haben. Den konnte man schneller bekommen als Windpocken. Die wachsamen Augen der Familienmeute waren überall. Charlotte in demselben Abteil wie der Bräutigam? Wie konnte sie das ihren Eltern antun! Sophie ohne Chaperon in der Oper? Was soll nur aus diesem Mädchen werden! Ein heimliches Rendezvous mit dem Vetter im Wald? Der Förster hat's gepetzt. Maria sogar knutschend im Pferdestall! Der Kutscher hat's gesehen. Ja, wenn es nicht das brave Personal gäbe! Manchmal brannte eine der so streng Bewachten durch wie in einem Kitschroman, mit einem Schauspieler womöglich oder einem Tenor. Irgendwann kehrte dann das schwarze Schaf etwas zerrupft und demütig

ins Elternhaus zurück, der ewigen Singerei überdrüssig, und durfte dafür Eltern und Tanten bis zum Tode pflegen.

Der mahnende Spruch »Wenn dich die bösen Buben locken …« hing unsichtbar in jedem Jungmädchenzimmer, und die Eltern hielten sich deshalb auch meist an die Regel »Jung gefreit hat nie gereut«, wobei es hin und wieder durchaus vorkam, dass die Braut mit der Puppe im Arm ins Hochzeitsgemach marschierte und am nächsten Morgen von ihrem väterlichen Ehemann ermahnt wurde, ihren Kakao mit oder ohne Haut auszutrinken. Aufklärung hielt man für überflüssig, höchstens, dass die Mütter was von Schmetterlingen und Blumen murmelten. So gab es hin und wieder in der Hochzeitsnacht Turbulenzen, weil sich das zarte Geschöpf, anstatt in den Armen des Bräutigams dahinzuschmelzen, in eine kampfeslustige Amazone verwandelte und mit ihrer silbernen Haarbürste derartig auf ihn eindrosch, dass sich der Ehemann am nächsten Morgen im Hotel mit seinem von Borsten zerkratzten Gesicht kaum in den Frühstücksraum traute.

Zuerst fand man ja die meist von den Eltern eingefädelte Ehe und den dadurch erworbenen neuen gesellschaftlichen Status ganz nett, trotz des eher unattraktiven Ehemanns mit Bauch,

mächtigem Bart und beginnender Glatze. Es machte Spaß, die Schlossherrin zu spielen – vorausgesetzt, die Schwiegermutter wohnte nicht unter demselben Dach –, bei den Diners neben dem Gastgeber zu sitzen und einen Handkuss zu bekommen, während der dreißigjährigen, berufserfahrenen Diakonisse am unteren Ende der Tafel von den Herren nur freundlich die Hand geschüttelt wurde. Aber nach und nach ging so mancher der sittsamen Ehefrauen ein Licht auf, dass, wenn die Liebe eine Himmelsmacht war, es mit dem jährlichen Wochenbett und einem schnarchenden Ehemann wohl kaum alles gewesen sein konnte. Glücklicherweise gab es ja aber dann den besten Freund des Mannes, den Kurschatten in den Kurorten, wo man seine Bleichsucht auskurierte, oder den attraktiven Gutsnachbarn.

Allerdings gingen nicht nur die jungen Frauen selbst dabei ein hohes Risiko ein, auch die Ehemänner sahen sich großen Gefahren ausgesetzt. Gebot ihnen doch der Ehrenkodex dummerweise, sich mit dem Rivalen zu duellieren, was öfter als gewünscht mit dem Tod endete. Diskretion war also lebenswichtig. Doch wie man sich gern an langen Winterabenden, wenn draußen dichtes Schneetreiben herrschte und scharfer Ostwind den trockenen Efeu an den Mauern rascheln

ließ, an den Kaminen erzählte, gab es durchaus andere wirksame Mittel, den Nebenbuhler zu beseitigen. Ein Jagdunfall etwa erfüllte denselben Zweck. Manchmal allerdings, ein wenig zu häufig angewandt, musste der Förster vorsichtig warnen: »Ein angriffslustiges Wildschwein sollte es nun nicht noch einmal gewesen sein, Herr Baron.« Später waren dann all die Ehefrauen, mit und ohne Ruf, in Öl festgehalten in der Ahnengalerie zu bewundern, zuerst jung, mit Korkenzieherlöckchen und Schmollmund, eine Hand züchtig auf das Dekolleté gelegt, die andere anmutig auf ein Tischchen gestützt, und dann noch einmal, in fortgeschrittenem Alter, statiös, mit Feldwebelblick, umringt von einer Schar Kinder.

Doch schon damals gab es nicht nur Bähschäfchen, die folgsam den von ihren Eltern vorgeschriebenen Weg trotteten, sondern starke, selbstbewusste Mädchen, die sich bereits als Kinder durchzusetzen verstanden und das zeigten, was man heute Führungsqualitäten nennt. Zu ihnen gehörte Maja, bei deren Anblick das ihr nicht sehr gewogene Kinderfräulein gern zitierte: »Weiß an Brust und an der Kehle, aber rabenschwarz von Seele.« Majas Eltern waren nicht gerade auf Rosen gebettet. Das Schlösschen, von dichtem Efeu eingeschnürt, in dem

tschilpende Spatzen als Wecker für Langschläfer dienten, glich eher einer gemütlichen Rumpelbude, in der mehr geflickt als erneuert wurde und die Wände dringend nach frischer Farbe verlangten. Die wohlhabenden Nachbarn nannten das Gut herablassend eine Kuhpleke, und Kutscher und Diener waren ein und dieselbe Person. Béchamel- und Bratkartoffeln, verlorene Eier, Blutwurst und Arme Ritter waren auf dem Speisezettel häufiger zu finden als irgendwelche Lampreten, und selbstverständlich besuchten die Kinder die Dorfschule. Aber dafür galt das Haus als besonders gastfrei, und große wie kleine Gäste gaben sich ständig die Klinke in die Hand. An Vettern und Kusinen herrschte kein Mangel, außerdem gab es für Maja reichlich Geschwister sowie die Spielgefährten vom Hof, die sie herumkommandieren konnte. Maja gehörte nun mal nicht zu der Sorte Kind, die, den Daumen im Mund, schüchtern auf ihren Lackschuhen durch die Räume stolpert. Die Hebamme wusste zu berichten, dass das kleine Mädchen nur so aus der Mutter herausgeflutscht sei und sie dabei mit offenen Augen so kiebig angesehen habe, als wolle sie fragen: »Und was machen wir jetzt?«

Kein Wunder also, dass Maja im Kinderzimmer den Ton angab, ein pausbäckiges, lockenbe-

stücktes, energisches Geschöpf, das mit seiner übersprudelnden Phantasie die anderen Kinder in den Bann schlug und ihnen bei jedem Spiel ihre jeweilige Rolle zuwies. Besonders beliebt waren ihre außerordentlich gruseligen Geschichten. Eine davon handelte von einer Monstermücke, die, ständig auf der Jagd nach Beute, durch das Schloss summte, wobei sie es besonders auf am Daumen lutschende Kinder abgesehen hatte. An manchen Abenden, wenn Maja rief: »Achtung, sie kommt!«, krochen die Geschwister Schutz suchend von einem Bett ins andere und zogen sich zitternd die Decke über den Kopf, was leider nicht immer half. Einmal hatte Maja noch vorsorglich versucht, das aus dem Bett heraushängende Füßchen ihres Bruders Philipp zu schützen. Vergeblich. Als er sich wimmernd seine zerstochene Fußsohle betrachtete, musste er feststellen, dass die Mücke anscheinend einen Stachel so dick wie eine Stopfnadel besaß. Und auch der schwesterliche Trost »Bei deinen Flossen macht sie das bestimmt nicht ein zweites Mal« wirkte wenig beruhigend.

Neuerdings zeigte sich die Monstermücke bereits am Tage. Sie war Maja an den verschiedensten Orten begegnet, in der Plättstube, im Dienerzimmer, in der Halle, wo sie auf einer Ritterrüstung saß und sie böse anfunkelte. Maja

unterstrich den Grad des Bösen durch gekonntes Augenverdrehen. Zu allem Überfluss besaß dieses schreckliche Tier auch noch andere unangenehme Eigenschaften. Sie konnte sich ruckzuck in eine Maus oder in einen Goldfisch verwandeln und liebte es, in Nachttöpfen zu schlafen, sodass es angebracht war, dieses Gefäß, bevor man es benutzte, genau zu inspizieren.

Die Monstermücke machte auch bei dem zum Aberglauben neigenden Personal die Runde, und sie begannen ebenfalls, schlimme Dinge zu behaupten. Auch sie waren diesem Tier an den merkwürdigsten Plätzen begegnet. So war dem Stubenmädchen eine kostbare Suppenterrine, als sie sie aus dem Schrank holte, vor Schreck zu Bruch gegangen, weil sie sich eingebildet hatte, die Monstermücke darin schnarchen zu hören.

Aber auch böse Monster sind bestechlich, man muss nur herausfinden, woran sie Freude haben, was, wie man sich denken kann, Maja ohne Schwierigkeiten gelang. Schaudernd hatte sie gesehen, wie die Mücke auf dem Billardtisch einen Mohrenkopf verzehrte. Das Geheimnis, wie das Gebäck dorthin gelangt war, konnte allerdings auch sie nicht lüften, aber dieses zufriedene, laute Summen, das so klang, als wenn jemand in die Tülle einer Gießkanne bläst, hatte sie noch jetzt im Ohr. Die Kinder bekamen eine

Gänsehaut und waren zu jedem Opfer bereit. Auf Majas Sammelteller häuften sich Sahnebonbons, Liebesperlen, Lakritze, Pfefferminzplätzchen und winzige Schokoladentäfelchen. Philipp schluchzte leise, als sie ihn dazu zwang, auch sein Schokoladenpüppchen zu opfern. Dieses Püppchen in Gestalt eines Negers war mit köstlichem Vanillekrem gefüllt. Maja hatte das Pendant dazu besessen, aber schon längst mit einem gierigen Schmatz verzehrt, während Philipp, der sich aus Schokolade und Kremfüllung nichts machte, seines zum General befördert hatte, der seine Zinnsoldaten herumkommandieren durfte. Zum Trost schilderte Maja ihm, wie irrsinnig die Monstermücke sich gerade darüber gefreut habe. Ja, sie sei richtig außer Rand und Band geraten, und Maja gab auch gleich eine Kostprobe von dem Tanz, den dieses Untier danach vor ihren staunenden Augen aufgeführt hatte. Ihr rasendes Gestampfe und Herumgefuchtle ließ die Puppen verschreckt nach ihren Müttern rufen und die Standuhr schlagen und mähte Philipps zur Schlacht aufgestellte Zinnsoldaten vorzeitig nieder. Panik brach aus. Das laute Geschrei ließ das Kinderfräulein herbeieilen, das als Erstes Maja anfuhr: »Wisch dir gefälligst die Schokolade aus dem Mundwinkel!« und dann für Ruhe und Ordnung sorgte.

Majas Sammeleifer, mit dem sie die Opfergaben eintrieb, war beachtlich und genierte die Eltern ein wenig, wenn Gäste da waren. Aber Onkel und Tanten zeigten sich amüsiert: »Was für eine Phantasie, diese Kleine!«

Einen Monat später betrachtete sich das Kinderfräulein missbilligend Majas Körper in der Zinkbadewanne. »Mein Gott, bist du fett geworden«, sagte sie gehässig. »Wahrscheinlich kommst du nach deiner Tante Ingeborg«, fügte sie mit einer gewissen Schadenfreude hinzu – einer Tante, die ihren stattlichen Bauch nur noch auf einen Stock gestützt vor sich her tragen konnte und sich den breitesten Stuhl zum Sitzen aussuchte. Die Bemerkung des Fräuleins saß. Die Monstermücke verschwand sang- und klanglos aus dem Repertoire der Gruselgeschichten. Sie wurde ersetzt durch einen großen Hund mit tellergroßen Augen, der nachts fürchterlich jaulend durch die Gänge schlich oder vor dem Kinderzimmer herumwinselte. Aber ihm fehlte der grausige Charme seiner Vorgängerin. Außerdem erinnerten sich ihre Geschwister, dass ihnen so ein Geschöpf schon einmal in einem Märchen begegnet war.

Maja war es nur recht. Das kindische Gehabe und die albernen Spiele der anderen Kinder begannen sowieso, sie zu langweilen. Sie fand es

an der Zeit, sich wichtigeren Dingen zuzuwenden, wozu nun die Flirts und das Liebesgeraune der jungen Erwachsenen unter den Gästen und natürlich auch der Angestellten gehörten. Maja, selbst davon noch unberührt, sagte sich in ihrer nüchternen Art, irgendeinen Nutzen müsse dieses alberne Getue doch haben, auf jeden Fall sei es sicher sinnvoll, es zu beherrschen. Sehr zum Ärger des Kinderfräuleins bestand sie jetzt darauf, bei jeder passenden Gelegenheit das Haar offen zu tragen, um es kokett zurückzuwerfen, gedankenverloren darin herumzuwühlen oder es zu flechten. Sie übte, mit gesenktem Kopf, die Augen nach oben gerichtet, und mit halboffenem Mund dümmlich in die Gegend zu kucken, bis die besorgte Mutter drauf und dran war, sie zum Ohrenarzt zu fahren, weil sie Nasenpolypen vermutete. Sie lernte von ihren älteren Kusinen, wie man ein Tüchlein fallen lässt, damit der junge Herr sich danach bückt und es einem mit einem Lächeln überreichen kann, was ihr allerdings nur den mütterlichen Tadel einbrachte: »Schmeiß nicht dauernd mit deinen benutzten Taschentüchern rum.« Auch bemühte sie sich, anstatt wie ein Pferd herumzuwiehern, nur noch ein zartes Lachen von sich zu geben. Sie machte sich beliebt bei den sich ständig im Spiegel musternden jungen Tanten, indem sie ihnen hinge-

bungsvoll und unermüdlich die Haare bürstete oder als Postillon d'amour Briefchen hin und her trug, und bekam dafür Schleifchen, einen Rest Rouge und ein Fläschchen Riechsalz geschenkt, an dem sie kopfschüttelnd schnupperte. Oft vergaß man Majas Gegenwart und dass sie noch ein Kind war und gab sich anderen Altersgenossinnen gegenüber hemmungslos seinem Liebeskummer und seinen Liebesqualen hin, was Maja mehr erstaunte als beeindruckte. Sie kam schließlich zu dem Schluss, dass alles, was man Liebe nannte, schlimmer als Keuchhusten sein musste, zumal sie die jungen Männer, die dieses Leiden verursacht hatten, und ihre Art, sich gegenseitig schulterklopfend mit »altes Haus« oder »alter Schwede« zu begrüßen, mit ihr selbst herumzunärren, sie an den Zöpfen zu ziehen und wie eine Zweijährige zu behandeln, reichlich blöd fand. Auch deren Balgereien mit den Hunden oder ihrer Unterhaltung, die sich um die Jagd, das Militär oder nette »Käfer«, die sie gerade kennen gelernt hatten, drehte, konnte sie wenig abgewinnen. Kurzum, Maja kam zu dem Schluss, dass sich für diese Herren der Aufwand nicht lohnte, zumal sie noch eitler waren als jedes Mädchen, Korsetts trugen, um gertenschlank zu wirken, und jede noch so durchsichtige Bewunderung für bare Münze nahmen.

Außerdem waren sie mit milden Gaben wenig freizügig und spendierten einem höchst selten eine Lutschstange oder eine Tüte Pfefferminzkrümel. Die ältere Generation war da viel spendabler, und so mancher Groschen landete in der Sparbüchse dieser reizenden Kleinen, die allgemein als ein für ihr Alter erstaunlich vernünftiges Mädchen gelobt wurde, in der eine gute Hausfrau schlummerte.

Und in der Tat, Maja fertigte neuerdings nicht nur für Geburtstage und zu Weihnachten die von der Verwandtschaft erwarteten Aufmerksamkeiten in Form von Loch- und Kreuzstichdeckchen an, sondern sorgte für Disziplin und Ordnung in der Dorfschule, wenn sich der Lehrer mal eben im Garten um seine Erdbeeren kümmerte, und sah der Mamsell über die Schulter, wenn sie Soßen und Suppen abschmeckte. Sie rührte das Herz des Onkels, wenn sie höflich mit zwitschernder Stimme fragte: »Geht es Rumpelstilzchen wieder besser, Onkel Karl?«, womit sie sein bereits etwas dämpfiges Lieblingspferd meinte. Und zur großen Freude ihres Vaters begann sie sich auch für alles zu interessieren, was auf dem Gut so vor sich ging. Sie kannte sich im Kuhstall aus, wusste, wie viele Liter Milch man von einer anständigen Kuh erwarten kann, wie viele Eier im Jahr ein fleißiges

Huhn legen sollte und wie viele Zentner Getreide und Kartoffeln auf einem Morgen Land zu ernten sind. Wenn der Vater, wie bei Landwirten üblich, angeblich ein Jammertal nach dem anderen durchschritt – die Ernte eine Katastrophe, die neu angeschaffte Maschine das Geld nicht wert, die Schweinepreise im Keller, der Wildschaden ungeheuerlich –, hatte sich die Mutter angewöhnt, mit freundlichem, aber abwesendem Gesicht zu sagen: »Du machst das schon.« Maja dagegen hörte sich die Klagen des Vaters und seine ständigen Seufzer »Es muss sich rechnen, Kind« teilnehmend an. Und jedes Mal fügte er hinzu:

»Was erzähle ich dir das eigentlich alles. Es sind nicht die Aufgaben, die dich einmal erwarten werden.«

»Und was sind meine Aufgaben?«, fragte Maja interessiert.

Der Vater lächelte gütig. »Haushalt und Kinder natürlich.«

»Wir werden sehen«, sagte Maja und hüpfte davon.

Gelegentlich bekam sie mit, dass sich die Eltern ihretwegen Gedanken machten, weil die zu erwartende Mitgift klein sein würde, weil sie nicht gerade zu den Schönsten im Lande gehörte und weil es auf dem Heiratsmarkt ebenso we-

nig rosig aussah wie auf dem Rindermarkt. Die Berufe, die ihre Eltern als die einzig angemessenen für sie in Erwägung zogen, waren ihr ein Gräuel.

Wochenpflegerin, Krankenschwester bei den Johannitern, Gesellschafterin bei einer königlichen Hoheit oder, noch besser, Diakonisse und vorher möglichst ein Internat. Jedes Mal, wenn sie diese Gespräche mitbekommen hatte, suchte sie in ihrer Phantasie Zuflucht und unterhielt die Geschwister mit dem, was sie Majas Märchenstunde nannten. Monster und andere gruselige Geschöpfe gab es allerdings nun darin nicht mehr. Jetzt ging es ausschließlich um gute oder böse Königinnen, die ihr Volk entweder mit Sanftmut und Lieblichkeit bezirzten oder mit Angst und Schrecken in Schach hielten. Böse Königinnen fackelten nicht lange, sie ließen ungehorsame Untertanen ruckzuck köpfen und ungezogene, lärmende Kinder eine Nacht in einen Gänsestall mit wütigen Gänserichen einsperren.

»Und welche Sorte Königin steuerst du an?«, fragte das Kinderfräulein sarkastisch.

Maja zuckte die Achseln und sagte den von ihrer Mutter gern benutzten Satz: »Wir werden sehen.«

Zu seinem Geburtstag wünschte sich Bruder Philipp von ihr noch einmal den Monstermü-

ckentanz zur Unterhaltung seiner Gäste, unter denen sich auch ein Junge befand, der schon mit dem Tesching auf Karnickel schießen durfte und dem man natürlich etwas ganz Besonderes bieten musste. Nach einigem Zögern willigte Maja ein, verlangte aber zur Stärkung ihrer Phantasie das obligate Negerpüppchen vom Gabentisch. Philipp war einverstanden.

Die Geburtstagsfeier begann, und als alle Gäste im Kinderzimmer versammelt waren, klatschte Philipp in die Hände und bat um Aufmerksamkeit. Maja begann den Tanz mit würdevollen Schritten. Sie hatte sich dazu ein vom Boden geholtes ausrangiertes Seidenkleid ihrer Mutter angezogen mit weiten, über die Hände reichenden Ärmeln. Sehr schnell wurde aus den ruhigen Schritten eine Art Furientanz, und seltsame Töne, halb miauend, halb schrill, kamen aus ihrem Mund, sodass die Kinder wieder ganz in ihren Bann gerieten, die Kleinen zu weinen anfingen und bald die ganze Kinderschar sich drehend und gestikulierend durchs Zimmer und dann durch die Flure tobte. Ein Puppenwagen kippte um, eine gerade erst neu gebaute Ritterburg wurde zerstampft, die Goldfische schossen verängstigt durchs Aquarium, und der Kanarienvogel bekam einen Herzanfall. Holzpferdchen zersplitterten unter den stampfenden

Füßen, und im Flur fiel ein Degen von der Wand. Dazwischen wimmerte mit piepsendem Geräusch eine aufziehbare Maus, die eine Fußspitze in Bewegung gesetzt hatte. Als die Ekstase auf dem Höhepunkt war, machte sich Maja unauffällig aus dem Staube, zog sich blitzschnell um und schüttelte gemeinsam mit den erschreckt herbeieilenden Erwachsenen den Kopf über das kindische Getobe. Das Kinderfräulein schickte, Geburtstag hin, Geburtstag her, alles Kleinvieh, wie sie es nannte, zu Bett und die Hofekinder nach Haus. Nicht einmal Philipp, der Mittelpunkt des Tages, wurde davon ausgenommen. Nur Maja, die Vernünftige, durfte ihren Vater zum Abschluss des Tages bei dem abendlichen Ritt über die Felder begleiten.

Den Eltern blieb es erspart, sich weiter Gedanken über die Zukunft dieses eigenwilligen Kindes zu machen. Bereits mit sechzehn war sie unter der Haube, sehr zum Erstaunen so mancher neiderfüllter Mütter in der Verwandtschaft, die ebenfalls über die Zukunft ihrer Töchter grübelten. Ausgerechnet Maja, und dann so eine Partie! »Hübsch ist sie ja nun wirklich nicht, mit diesem kräftigen Kinn und der nicht gerade gertenschlanken Figur. Aber wir freuen uns natürlich sehr. Obwohl, fünfundzwanzig Jahre Altersunterschied ist doch ganz

schön happig. Und der ganze Zuschnitt ihres zukünftigen Hauses. Das Schloss ein historisches Denkmal, gefüllt mit Kunstschätzen und Kostbarkeiten, allein für hundert Personen Meissner Porzellan, die Galerie mit den wertvollen Bildern und dem Waffensaal! Ob dieses halbe Kind dem Ganzen gewachsen ist?« Die so redende Mutter sah ihren Mann erwartungsvoll an. »Was meinst denn du?« Der Ehemann vermied es wohlweislich, nicht ihrer Ansicht zu sein.

Aber auch Majas Eltern waren nicht sehr glücklich über diese Verbindung und hatten gemischte Gefühle. Sie hätten es gern eine Nummer kleiner gehabt, so in ihrer eigenen Größenordnung. Ein zweiter Punkt war neben dem Altersunterschied, dass der Bräutigam von sehr schlichtem Gemüt war und daher, als er in Afrika einen Kaffernbüffel schoss, in der Gegend nur der Brudermörder genannt wurde, was aber keine Mutter daran hinderte, sich ihn sehnlichst als Schwiegersohn zu wünschen. Vierzigtausend Morgen unter dem Pflug, ein großes Waldgebiet, Karpfenteiche, eine eigene Pferdezucht und Brennereien, da konnte man schon über gewisse Schwächen hinwegsehen.

Kennen gelernt hatte die gerade fünfzehnjährige Maja den großen Preis der Gegend als

Lückenbüßerin, weil man sie noch nachträglich zur Hochzeit einer Kusine eingeladen hatte, bei der mehrere jüngere Damen unerwartet ausfielen, sodass die Tischordnung darunter litt. Die Hausfrau hielt ein junges Mädchen für unverfänglicher als eine der vom »Drachenfels« vorgeschlagenen jungen Damen. Und da der Gastgeberin nur zu gut bekannt war, dass Mütter heiratsfähiger Töchter diese grundsätzlich bei der Sitzordnung benachteiligt fanden, dachte sie, dass dieses halbe Kind als Tischdame eines Herrn in den besten Jahren am wenigsten Missgunst erregen würde.

Der Brudermörder machte dann auch seinem Ruf als notorischer Langweiler alle Ehre und gab sich, ohne Maja eines Blickes zu würdigen, ganz dem Genuss des Fasans hin, sodass sich der Herr zur Rechten ihrer erbarmte und eine Unterhaltung mit ihr anfing, bis sie plötzlich ihr Tischherr am Ärmel zupfte und fragte: »Hast du was gegen mich?«

Maja fehlte es nicht an Schlagfertigkeit, und ihre Antwort »Ich dachte, der Fasan steht Ihnen näher als ich« erheiterte ihn sichtlich. Der wenig Wortgewandte erwies sich als hervorragender Tänzer, und er tanzte nun mit der Kleinen so ausgiebig, dass die Damen vom Drachenfels die Köpfe zusammensteckten.

Der Brudermörder war danach häufig Gast bei Majas Eltern, sodass ihm der Vater ein wenig auf den Zahn fühlen konnte und zu seiner Erleichterung feststellte, dass der zukünftige Schwiegersohn, unter dem Motto aufgewachsen: »Früher wurde man reich geboren, lebte reich und starb reich«, es anscheinend ganz gut verstand, den Besitz, von erfahrenen Leuten unterstützt, zusammenzuhalten. Und außerdem wollte sein Liebling diesen Menschen nun mal unbedingt, und es gab keinen triftigen Grund, ihn ihr zu verwehren.

Glücklicherweise war Maja trotz ihrer großen Phantasie kein allzu romantisch veranlagtes Mädchen, und so nahm sie den fröhlichen Ausspruch ihres frischgebackenen Ehemanns »Na, dann wollen wir mal« und die folgenden Ereignisse der Hochzeitsnacht eher verblüfft zur Kenntnis und dann mit Gleichmut hin, ebenso wie die recht öden Winterabende, die das junge Paar mit Halma, Mühle oder Zankpatiencen verbrachte.

Die hochgestochene Dienerschaft rümpfte erst einmal die Nase über ihre neue Herrin, sprach von ihrem Zuhause ebenfalls als von der Kuhpleke, und der Diener machte sich nach dem Servieren in der Küche darüber lustig, dass Maja den Wein in großen Zügen trank und nicht nur

zierlich am Glas nippte. Doch sie setzte sich wie immer durch und ergänzte das Personal nach und nach geschickt durch ehemalige Spielgefährten wie die inzwischen erwachsen gewordenen Söhne des Försters, des Kutschers und des Sattlermeisters, die ihr den Rücken stärkten.

In wenigen Jahren konnte ihr niemand mehr ein X für ein U vormachen. Der zunächst unter ihrer Hartnäckigkeit seufzende Güterdirektor sprach nun mit großem Respekt von ihrer schnellen Auffassungsgabe und ihren guten Einfällen. Die bislang von einer Hausdame eher lieblos ausgerichtete Weihnachtsbescherung für Dienerschaft und Hofeleute – Schürzen für die Frauen, Socken für die Männer – nahm sie nun selbst in die Hand. Sie ging im Dorf von Haus zu Haus, erkundigte sich nach den verschiedenen Wünschen, ebenso nach Namen und Alter der Kinder und fuhr dann mit der Hausdame zum Weihnachtseinkauf in die Stadt.

Der Ehemann war voller Bewunderung für seine tüchtige junge Frau, und da er im Grunde ein bequemer Mensch war, ließ er ihr beruhigt in allem freie Hand. Maja dankte es ihm auf ihre Weise. Sie gab sich mehr als graue Eminenz und stellte sein Licht nicht unter den Scheffel. Sie lobte seinen guten Riecher für das Wesentliche und seine fabelhaften Ideen. Stolz zeigte sie je-

dem Gast in dem für damalige Zeiten schon sehr fortschrittlich eingerichteten Badezimmer seinen Einfall, eine im Waschbecken integrierte Art Spucknapf, der nur zum Zähneputzen bestimmt war, was großen Beifall fand. Ebenso musste jeder den neuen Herd in der Küche, nach den Ideen des Hausherrn angefertigt, bestaunen, die eleganten Messingstangen, die reichhaltige Ausstattung fürs Kochen, Braten, Backen, Warmhalten, wobei Maja die Backröhre besonders pries, sodass sich eine der neidischen Besucherinnen nicht die Frage verkneifen konnte: »Warum entschuldigst du dich dann jedes Mal, dass die Torte leider recht klitschig geraten ist?«

»Geld macht sinnlich« – dieser Spruch galt auch für die Herren in der Nachbarschaft, und wenn sie Maja im Damensattel elegant über die Felder geloppieren sahen, erwachte in ihnen das Jagdfieber. Vorsichtig versuchten sie, sich an diese außerordentliche Person heranzutasten, machten ihr Komplimente, kamen ihr beim Tanz so nah wie möglich und flirteten mit ihr, wobei sie meist den Kürzeren zogen, weil ihre anzüglichen Plänkeleien Maja keineswegs in Verlegenheit brachten, sondern eher ihren Spott hervorriefen. Besonders emsig dabei war ein Neffe ihres Ehemannes, bei dessen Anblick allein, wie

sie ihrer Jungfer anvertraute, sich ihr die Nackenhaare sträubten. Und sie ahmte seine Sprechweise nach: »Gestatten gnädigste Kusine, dass ich Platz nehme?« oder: »Gehorsamen Dank.« Von ihm stammte auch die Bemerkung, Maja wirke auf ihn wie ein abgeschaltetes Elektrizitätswerk, man müsse nur den richtigen Schalter finden, um es in Gang zu setzen.

Das von ihm in Umlauf gebrachte Gerücht, sie werde dem verehrten Onkel früher oder später Hörner aufsetzen, verstummte nach und nach. Majas Benehmen blieb untadelig, und bald nahm sie der Kreis der Ehefrauen freundschaftlich auf. Ja, man war der Meinung, sie habe diesen langweiligen Ehemann vorteilhaft in Schwung gebracht, der nun Schweigen nicht mehr unbedingt für Gold hielt und die Abende im Winter am liebsten mit einer Flasche Rotspon zu Hause verbrachte, sondern viel häufiger als früher bei gesellschaftlichen Anlässen mit seiner Frau zu sehen war. Auch Majas Talent, mit dem Personal umzugehen, fand allgemeines Lob. Man merkte doch gleich die »gute Kiste«, aus der sie stammte und dass sie ein Landkind war. Sie schien wirklich alles im Griff zu haben. Auch die schwierigen Jahre in und nach dem Ersten Weltkrieg meisterte sie mit großem Geschick, trotz pekuniärer, durch allzu freigiebig gezeichnete Kriegs-

anleihen und den von ihrem Ehemann befolgten Aufruf: »Gold gab ich für Eisen« hervorgerufener Engpässe. Auch gehörte ihr Mann zu den wenigen Heimkehrern, die ohne Blessuren aus dem Krieg zurückkamen.

Doch es gab einen Wermutstropfen in Majas sonst so heiler Welt. Nachwuchs wollte sich nicht einstellen, was ausgerechnet diesen Laps von Neffen wegen der komplizierten Erbfolge zum zukünftigen Schlossherrn machte. Doch Maja schien, obwohl sehr kinderlieb, unter ihrer Kinderlosigkeit nicht zu leiden und ertrug auch den Neffen mit stoischem Gleichmut, der nun unter dem Vorwand, in der Gegend gerade zu tun zu haben, unangemeldet erschien, um dann mit seinem angeblich großen Kunstverstand anzugeben, der doch, wie er nebenbei bemerkte, für all die Schätze, die seine Vorfahren hier zusammengetragen hätten, unerlässlich sei. Majas Lieblingsnichte, die vierjährige Tochter ihres ältesten Bruders und oft zu Besuch bei Onkel und Tante, pflanzte sich vor ihm auf und fragte mit in die Hüften gestemmten Händen: »Was bist du denn für einer?« Der Neffe schob sie wortlos beiseite, und Majas Mann lachte. Auch er hatte »Maja zwei«, das Abbild seiner Frau und mit dem gleichen Temperament ausgestattet, in sein Herz geschlossen.

Maja hatte ihren Mann inzwischen so aufgemöbelt, dass er wie sie Vergnügen daran fand, während der Wintermonate häufig nach Berlin zu fahren, und alles genoss, was die Großstadt bot, wozu auch Oper, Theater und Konzerte gehörten – zum Erstaunen der Nachbarn, die eher Etablissements wie Scala und Wintergarten vorzogen. »Heinzelmännchens Wachparade« und ähnlich unterhaltende Musik, die er zu Haus sonst gern auf dem Grammophon abspielte, gerieten ins Hintertreffen.

Mittlerweile war Maja wieder sehr im Gespräch, denn bei aller Würdigung ihrer Verdienste als charmante Gastgeberin und umsichtige Hausfrau, die es wie keine andere verstand, die Dienerschaft unauffällig zu dirigieren, stellte sich doch die Frage, ob diese nun nicht mehr ganz so junge Frau nicht dem Hang zum Extravaganten, vor allem in der Mode, etwas zu stark nachgab. Das hatte doch manchmal, vorsichtig ausgedrückt, direkt etwas Halbseidenes und passte eher in die Großstadt als aufs Land: diese knappen, kurzen, ausgeschnittenen Kleidchen, dieser jungenhafte Haarschnitt, diese merkwürdigen Glitzergehänge, die ihre Ohren und das Dekolleté schmückten, dazu die vielen Armreifen. Man war ja schließlich nicht im Busch! Ja, sogar die Augenbrauen waren ausgezupft, und, wie

man hörte, tanzte sie auf den Bällen geradezu bacchantisch. Natürlich sprach niemand die Vermutung, irgend jemand müsse wohl das Elektrizitätswerk in Gang gesetzt haben, so direkt aus. Dafür wurde mehr geunkt: »Oh, oh, wo wird das enden. Heute noch auf stolzen Rossen …«

Diese die Abende belebenden Gespräche über das Ehepaar fanden plötzlich eine von allen bedauerte tragische Wende. Majas Mann erkrankte schwer, und aus dem »Brudermörder« wurde nun »der Arme«. Der Kranke versuchte in den verschiedensten Kurorten, wieder auf die Beine zu kommen, aber nur bei Maja schienen die gute Luft, die Massagen und die Heilwässer anzuschlagen. Jedenfalls kehrte sie jedes Mal energiegeladen und blühend nach Haus zurück und pflegte ihren Mann mit großer Hingabe, was die Dienerschaft gerührt zur Kenntnis nahm. Für ein wenig Abwechslung und Trost sorgte ihre Lieblingsnichte »Maja zwei«, von ihr liebevoll Moppelchen genannt, die wie auch sie nicht gerade eine zarte Elfe war. Ebenso wie ihre Tante, besaß Moppelchen eine blühende Phantasie und fand großen Gefallen an den Geschichten von der Monstermücke. Sie konnte gar nicht genug davon hören und versetzte, wieder zu Hause, genussvoll ihre Geschwister damit in Panik. Weniger erheiternd für Maja dagegen waren die

immer häufigeren Besuche des zukünftigen Erben, der überall im Schloss herumschnüffelte, bis es dem Diener zu viel wurde und er die Teppichstange an der obersten Treppenstufe lockerte. Der Neffe brach sich beim Herunterfallen den rechten Fuß und war dadurch erstmal außer Gefecht gesetzt.

»Wie ist denn das passiert?«, fragte der Kranke beunruhigt.

Der Diener machte die Gebärde des Trinkens und befestigte die Stange wieder sorgsam.

»Der Arme« starb, von Maja umhegt, einen sanften Tod. Voller Mitleid beobachtete das Personal, wie sie schluchzend durch das Schloss lief und noch einmal über alle seine Lieblingsgegenstände strich, den Billardtisch, den durchgesessenen Lehnstuhl, das Sofa, auf dem er gern ein ausgiebiges Mittagsschläfchen hielt, das Grammophon mit der Platte »Heinzelmännchens Wachparade«. Doch dann zeigte Maja jene Contenance, die man von ihr erwartete, und bewies wieder einmal ihr Organisationstalent. Die Vorbereitungen für die Beerdigung wurden penibel durchgeführt, die Gästezimmer für die zu erwartenden Familienmitglieder auf Hochglanz gebracht, Berge von Freud-und-Leid-Kuchen gebacken, Silber- und Messingbeschläge geputzt, das Parkett gewienert, Park und Blumenrabatte

hergerichtet, der Rasen geschnitten, die Wege geharkt.

Einen Tag vor der Beerdigung verschwand Maja. Sie kehrte von ihrem abendlichen Spaziergang nicht zurück. Die ganze Gegend wurde abgesucht, der Teich abgelassen, vergeblich. Die Zeiten waren schlecht, Gesindel trieb sich überall herum. Man fürchtete das Schlimmste. Die Trauerfeier musste ohne die Witwe stattfinden und wurde zu einem gesellschaftlichen Ereignis mit einem kilometerlangen Leichenzug, der in dem bei Beerdigungen üblichen eisigen Ostwind fröstelnd hinter dem Sarg und dem am Zügel geführten, mit einer Schabracke in den Wappenfarben des Hauses bedeckten und schon etwas steifbeinigen Reitpferd hertrottete. Die Rede des Pastors war außerordentlich eindrucksvoll. Er gedachte nicht nur des Toten, sondern auch der Vermissten und schilderte ihre Tugenden ebenso wie die des Verstorbenen in leuchtenden Farben. Auch versäumte er nicht, nachdrücklich auf die Verwahrlosung und wachsende Kriminalität im Lande hinzuweisen, die den Verfall aller guten Sitten und des Miteinanders nach sich zögen.

Vergeblich bemühte sich Majas Lieblingsbruder Philipp, Mittel und Wege zu finden, die Majas Schicksal hätten aufklären können. Doch die von ihm beauftragte Detektei fand nirgendwo

einen Anhaltspunkt, der sie weitergebracht hätte.

»Lass es doch«, sagte seine Frau begütigend, als er ihr niedergeschlagen den Bericht der Detektei vorlas. »Du hast ja nun wirklich alles getan.«

Philipp seufzte. »Du hast Recht. Nur gut, dass unsere armen Eltern das nicht mehr miterleben mussten. Maja war doch Papas Liebling.«

Inzwischen war der Erbe des großen Besitzes mit seiner Familie ins Schloss gezogen, sehr erleichtert darüber, nun keine Apanage zahlen und kein Witwenhaus zur Verfügung stellen zu müssen. Doch die Erleichterung wich bald tiefer Enttäuschung. Es stellte sich heraus, dass der früher so sparsame Onkel ganz schön Geld unter die Leute gebracht hatte, ja, so weit gegangen war, eine nicht unerhebliche Hypothek aufzunehmen, sodass entgegen aller Erwartungen von »aus dem Vollen schöpfen« keine Rede mehr sein konnte. Für einen tüchtigen Landwirt wäre das ein durchaus zu verkraftendes Problem gewesen, denn die Einnahmen waren beträchtlich, doch der Neffe war alles andere, nur nicht tüchtig. Dazu kamen Geldentwertung und politische Situation. Der stolze Schlossherr geriet ins Schleudern. Die Nachbarn schüttelten den Kopf. So waren sie nun mal, die jungen Leute von heute.

Nur ihre Vergnügungen im Kopf, kein Gedanke mehr, sich am Riemen zu reißen, das Steuer herumzuwerfen, den Gürtel enger zu schnallen. Dafür ließ man Maja im Nachhinein geradezu Engelsflügel wachsen und rieb ihre Tüchtigkeit gern aufmüpfigen Schwiegertöchtern unter die Nase mit der wie nebenbei hingeworfenen Bemerkung, dass Maja sich in schlechten Zeiten für keine Arbeit zu schade gewesen sei. Und dann dieses schreckliche Ende!

Doch ständige Lobpreisungen werden schnell langweilig, da waren Gerüchte doch viel interessanter. So behauptete ein Onkel steif und fest, Maja beim Skifahren in Kitzbühel gesehen zu haben, in männlicher Begleitung natürlich. »Und, stellt euch vor«, die Stimme des Berichterstatters senkte sich, weil eines dieser unnützen Kinder wieder im Zimmer herumwuselte, anstatt sich ins Kinderzimmer zu scheren, »es war ein Neger!« Also wirklich! Man lachte ein wenig. Onkel Herbert war bekannt für seine Übertreibungen.

Doch die Gerüchte verstummten nicht, und es gab geradezu haarsträubende Geschichten, wo überall man sie von weitem gesehen haben wollte, mal als Pilotin eines Sportflugzeugs, das sich gerade in die Lüfte hob, dann wieder als Komparsin in einem Luis-Trenker-Film oder vor

einem Nobelhotel, als sie gerade, in kostbare Pelze gehüllt, mit einem Herrn im Zylinder in eine Droschke stieg, oder, zum Erschrecken von Kusine Adelheid, als Garderobiere im Theater. Aber als man sie gerade ansprechen wollte, sei sie plötzlich hinter den Mänteln verschwunden. Diese Geschichte fand allgemeines Gelächter. »Adelheid, du bist wirklich unmöglich! Garderobenfrau! Warum nicht gleich die Herrin über die Bahnhofstoiletten!«

In Majas Familie begann man sich allmählich mit ihrem Verschwinden abzufinden. Doch dann erhielt Philipp einen Brief, der weiter nichts als ein Foto enthielt, auf dem ein großes industrielles Gebäude zu sehen war. Er betrachtete es sich kopfschüttelnd und wollte die Karte gerade seiner Frau zeigen, als es ihn wie ein Blitz durchfuhr. Er besah es sich noch einmal sehr genau. Kein Zweifel, es war ein Elektrizitätswerk. Etwas hielt ihn zurück, diese Erkenntnis seiner Frau mitzuteilen, denn diese sonst so angenehme Person war eine Klatschbase par excellence. Weshalb sonst eine verschlüsselte Botschaft von seiner Schwester? Ach, seine Maja. Dieser sich so sittsam gebende, phantasievolle, unberechenbare kleine Teufel, dem sein Moppelchen am ähnlichsten war. Maja hatte immer Mittel und Wege gefunden, das zu bekommen,

was sie wollte. Darin war sie eine Meisterin gewesen. Die Sache mit den Negerpüppchen war nach so vielen Jahren immer noch lebhaft in seiner Erinnerung. Ihm fiel auch der Spruch des Kinderfräuleins wieder ein: »Weiß an Brust und an der Kehle, aber rabenschwarz von Seele.« Rührung mischte sich mit Hoffnung.

Bei den Nachbarn dagegen war jetzt der Neffe in den Mittelpunkt des teils schadenfrohen, teils bedrückten Interesses gerückt. Schließlich handelte es sich um einen in Nachschlagewerken verzeichneten historischen Besitz, in dem Kaiser und Könige, Generäle und Minister ein- und ausgegangen waren, der unter den Hammer kam und damit zu dem traurigen Kapitel »Adel im Untergang« gehörte, ein leider nur zu wahres Wort, das immer mehr an Bedeutung gewann, je mehr dieser Stand verlor, was seinen Charakter prägte, das Land.

Maja brachte sich angemessen dramatisch wieder in Erinnerung, als ein dreizehnjähriger Junker Vorlaut auf der Suche nach einem erlegten Kaninchen auf eine stark verweste Leiche stieß. Unter Zurücklassung seines Teschings rannte er wie von Furien gehetzt nach Hause, platzte mit dem Ausruf: »Ich habe Tante Maja gefunden!« ins Esszimmer, wo Eltern und Geschwister am Mittagstisch saßen, und übergab

sich vor der fassungslosen Familie auf den Teppich. Auch als sich herausstellte, dass es sich natürlich nicht um Maja, sondern um den bedauernswerten Bewohner eines Armenhauses handelte, der, auf geheimnisvolle Weise an mehrere Flaschen Schnaps geraten, die nun um ihn herumlagen, an Alkoholvergiftung gestorben war, machte diese Geschichte, bei der man sich immerhin über diesen Junker Vorlaut amüsieren konnte, unverdrossen die Runde.

Die Wochen vergingen, der angeberische Neffe hatte das Schloss geräumt und musste nun samt seiner Familie den Rest des Lebens in einer kleinen Stadtwohnung fristen. Da erhielt Philipp einen zweiten Brief, der ihm seine Nachtruhe raubte, weil er nicht mit sich ins Reine kam, ob er sich darüber freuen oder entsetzen sollte. Der Brief enthielt wiederum keinerlei Nachricht, sondern nur eine ziemlich ungeschickt angefertigte colorierte Zeichnung, auf der eine riesige Mücke anstelle eines Storches mit einem in ein Tuch gehüllten Baby am Stachel hängend durch die Lande flog, und dieses Baby war eindeutig schwarz. Diesmal versteckte Philipp den Brief nicht im Schreibtisch. Mit einem Seitenblick zu seiner Frau, die gerade damit beschäftigt war, eine Stopfnadel einzufädeln, zerriss er ihn sorgfältig in kleinste Stücke.

»Philipp«, sagte seine Frau, »ich muss dir was erzählen. Aber reg dich bitte nicht auf. Ich bin gerade angerufen worden. Moppelchen ist aus dem Internat ausgerissen. Aber mach dir keine Sorgen, man hat sie schon wieder aufgefunden. Dem Schaffner im Zug hat sie die wildesten Sachen erzählt. Aber er ist nicht darauf reingefallen und hat sie bei der nächsten Haltestelle beim Bahnhofsvorsteher abgegeben.«

Philipp lachte. »Wie sich die Bilder gleichen.«

»Was für Bilder?«, fragte seine Frau, leicht aus dem Konzept gebracht, und sah ihn irritiert an. »Na, ich bin ja froh, dass du es so gelassen nimmst.«

»Ich meine«, sagte Philipp, »Moppelchen hat uns doch schon einiges geboten, und es wird nicht das Letzte gewesen sein.«

Philipp nahm das Geheimnis seiner Schwester mit ins Grab. Gelüftet wurde es erst nach dem Zweiten Weltkrieg, viele Jahre später, durch einen farbigen Studenten, der sich als Majas Enkelsohn entpuppte. Er hatte sich mit einem adligen Mädchen befreundet, die fest entschlossen war, mit ihm den Bund fürs Leben einzugehen. Bei dieser Mitteilung brach ihrer Mutter fast das Herz, aber sie zeigte es nicht. Glücklicherweise war dieser gutaussehende, strebsame, fünf Sprachen sprechende – oder waren es nur drei? –

Junge mit formvollendeten Manieren, die man leider, leider bei der Jugend in der eigenen Verwandtschaft oft sehr vermisste, nicht der einzige Exot. Da mischten sich in die Stammbäume inzwischen wacker Damen und Herren aus allen Ländern, die noch dazu längst nicht aus so gutem Haus wie dieser junge Mann stammten. Sein Großvater väterlicherseits – einem Ondit zufolge, wie sich die Mutter der Familie gegenüber vorsichtig ausdrückte, denn den Aussagen einer schwer Verliebten war nicht unbedingt zu trauen – sollte ein in Amerika sehr bekannter Pianist gewesen sein, sein Vater Professor an einer Universität, seine eine Großmutter die Tochter eines berühmten Arztes und seine zweite, aus Deutschland stammende – »Hab ich euch das schon erzählt?« – die berühmte Maja. Man nickte freundlich. »Du hast.«

Zur großen Freude der Brautmutter stellte sich heraus, dass es tatsächlich noch die fast in Vergessenheit geratene Tante Moppel gab, an die sich dieser oder jener noch vage erinnerte. War da nicht nach dem Krieg irgend etwas mit einem Ölscheich gewesen, wobei es sich leider herausstellte, dass mehr Sand als Öl vorhanden war und es einen Palast nicht gab, dafür aber eine überaus unangenehme Mutter dieses Kameltreibers, der Moppel sich nur mit gesenktem

Haupt nähern durfte. Jedenfalls war sie dann irgendwann wieder nach Deutschland zurückgekehrt und dämmerte wahrscheinlich nun in einem Altersheim vor sich hin. Und, typisch für unsere Zeit, niemand in der Verwandtschaft fühlte sich dafür verantwortlich, sich um sie zu kümmern. So dauerte es seine Zeit, bis die Brautmutter das Heim ausfindig machen konnte und nun etwas beklommen dorthin fuhr. Aber zu ihrer großen Erleichterung war Tante Moppel noch recht lebendig. In ihrem kleinen Apartment begrüßte sie ihre Besucherin mit großer Herzlichkeit, wenn auch in einem etwas seltsamen Aufzug. Zum burnusartigen Gewand trug sie einen aus einem Seidentuch gebundenen Turban, wahrscheinlich, um ihr schütteres Haar zu verstecken, was, ergänzt durch einen im Hintergrund ständig vor sich hin brabbelnden Papagei und den betäubenden Duft eines Kräutertees, der Brautmutter das Gefühl gab, bei einer Wahrsagerin gelandet zu sein. Doch Tante Moppel war mehr mit der Vergangenheit beschäftigt als mit zukünftigen Schicksalen und nur zu gern bereit, ihrem Gast Einblick in ihr spannendes Leben zu gewähren. Wobei der Bericht allerdings immer wieder auf ermüdende Nebenwege geriet, begleitet von dem Seufzer »Tante Maja hat das einzig Richtige getan und sich rechtzei-

tig aus dem Staub gemacht« und sich im Übrigen um ein der Brautmutter sattsam bekanntes Thema dieser Generation drehte: Flucht und Vertreibung und wie während eines Tieffliegerangriffs, vor dem sie notdürftig Schutz hinter ein paar spillerigen Weiden gefunden hatten, die schon etwas verwirrte Tante Martha auf einem warmen Mittagessen bestand. Bald fühlte sich die höflich Zuhörende wie bei Freunden und ihren endlosen Urlaubsdias, wenn man nach der zwanzigsten Einstellung von Ruinen, Tempeln und Bergen verstohlen auf die Uhr kuckt und sich gleichzeitig seines Desinteresses schämt. Zu ihrer Erleichterung konnte sich aber Tante Moppel dann doch noch lebhaft an ihre vom Glück mehr begünstigte Tante Maja und den Brudermörder erinnern und auch, dass es wirklich sehr feudal bei ihnen im Schloss zugegangen war. Sogar die Geschichte vom Junker Vorlaut wusste sie noch, mit dem sie später, wie sie diskret andeutete, eine heiße Affäre gehabt hatte – alles, wie die Brautmutter erfreut feststellte, reichlich Stoff zum Weitererzählen. Als die Tante dann allerdings auf jemanden zu sprechen kam, der das biblische Alter von zehn Jahren erreicht habe, und die konsternierte Besucherin eine Weile brauchte, bis sie begriff, dass es sich dabei um ein weißes Kaninchen handelte,

fand sie es dann doch an der Zeit, sich zu verabschieden.

Tief zufrieden kehrte die Brautmutter nach Haus zurück. Selbstverständlich wurde Tante Moppel zur Hochzeit eingeladen, und ihr Präsent, ein Anhänger in Form einer goldenen, mit Brillanten besetzten Mücke, ein Geburtstagsgeschenk von Tante Maja, schmückte das Dekolleté der Braut. Die Tante selbst wurde der Mittelpunkt des Hochzeitstages. Die Alten ergingen sich mit ihr in Erinnerungen, wobei sich wie immer Dichtung und Wahrheit mischten, und polierten die eigenen Erlebnisse weidlich auf. Die Jungen fanden wiederum Tante Moppels in grellem Grün gehaltene seidene Pluderhosen und das schon etwas ramponiert wirkende Brokatjäckchen super cool. Zum Abschluss der Festlichkeit zelebrierte sie mit dem Bräutigam den Monstermückentanz mit solcher Vehemenz, dass der Kronleuchter im Saal des Schlosshotels klirrte.

Stolperjulchen

Oliver Hausmann war wieder einmal durchs Hotel gefegt und hatte mit barscher Stimme versucht, das Personal auf Trab zu bringen, wie stets mit mäßigem Erfolg. Nur das neue Zimmermädchen, dem er mit finsterem Schweigen durch seine Sonnenbrille beim Bettenmachen zusah, wurde sichtlich nervös, und er verließ befriedigt das Zimmer. Er liebte es nun mal, den hintergründigen Chef zu spielen, bei dem man immer auf das Schlimmste gefasst sein musste, das allerdings nie eintrat. Den Trick mit der Sonnenbrille hatte er dem Schauspieler O. W. Fischer abgekuckt, der damit fast in all seinen Filmen teils rätselhaft, teils bedeutungsvoll in die Gegend starrte.

Der Oberkellner sah ihm mit väterlicher Nachsicht schmunzelnd zu, wie er stirnrunzelnd einen vollen Aschenbecher wegtrug. Er kannte den Chef schon, als der noch ein richtiger Rotzer war und vor dem Schlafengehen unter seinem Bett nachsah, ob sich dort auch kein Bösewicht versteckt hielt.

Oliver Hausmann war auf sein von einer Patentante geerbtes Hotel sehr stolz. Es lag in einem Villenviertel der Stadt, das von Bombenangriffen verschont geblieben war, inmitten eines parkähnlichen Grundstücks. Aber seine Einrichtung war noch recht altmodisch, und es fehlte ihm an Fluidum, wie er es mit einem seiner Lieblingswörter nannte. Gleich nach dem Krieg, als jeder froh war, eine Unterkunft zu finden und man angeschlagenes Porzellan ebenso in Kauf nahm wie angekettete Bestecke, hatte das niemanden gestört. Aber diese Zeiten waren ja nun Gott sei Dank vorbei, und er musste sich dringend einfallen lassen, wie er den Gästen mehr Komfort bieten konnte. Bisher hatte er sich um alles selbst gekümmert, aber ein bisschen Spaß nach all den fürchterlichen Jahren wollte er schon auch haben. Es gab schließlich eine Menge hübscher Mädchen, die sehnsüchtig darauf warteten, verführt zu werden. So hatte er beschlossen, eine Hausdame einzustellen. »Hausdame«, das klang nach was – »Unsere Hausdame wird Ihnen behilflich sein, gnädige Frau.« Und nun war unter den Bewerberinnen auch noch eine echte Gräfin, die wahrscheinlich schon in diesem Augenblick im Sekretariat wartete, um sich vorzustellen. Er sah auf die Uhr. Warten tat Menschen immer gut. Es machte sie erst unruhig,

dann unsicher – kurz, es klopfte sie ein wenig weich.

Er griff wieder nach seiner Sonnenbrille, bevor er das Büro betrat, denn auch bei seiner Sekretärin zeigte der O.-W.-Fischer-Blick Wirkung. Sie war eine verhuschte Kriegerwitwe, die mit einer winzigen Rente drei lebhafte Jungen durch Schule und Leben zu boxen versuchte. Bei dem Gedanken daran nahm er die Brille wieder ab und beschloss, zur Abwechslung mal richtig charmant zu sein.

»Na, Frau Hansen«, sagte er mit gewinnendem Lächeln, »wie geht's, wie steht's? Ist denn Ihr Ältester wieder auf dem Damm?«

Frau Hansen nickte, ganz benommen von so viel Anteilnahme, und sagte mit gesenkter Stimme: »Die Gräfin wartet schon seit einer halben Stunde.«

Er machte ein reuevolles Gesicht und fragte flüsternd: »Einigermaßen passabel?«

»Durchaus«, sagte Frau Hansen, glücklich über seine Freundlichkeit. Die Launen ihres Chefs waren für sie immer wieder ein Rätsel, das sie zu Hause am Abendbrottisch vergeblich zu lösen versuchte, bis ihre Jungen genervt riefen: »Erzähl doch mal was anderes, Mama!« Aber die ständigen Wechselbäder, in die sie ihr Chef tunkte und die sie mal in Hochstimmung,

mal in Trübsinn verfallen ließen, gaben ihr ein Gefühl erotischer Spannung – die einzige, die ihr das Schicksal neben der vielen Arbeit im Büro und zu Hause noch gnädig zugestand. Und schon jetzt begann sie, eine gewisse Eifersucht auf das junge Ding nebenan zu spüren, das womöglich eine Konkurrentin werden könnte. Denn Launen hin, Launen her, der Chef war ein durchaus stattlicher Mann.

Oliver Hausmann hatte seine Sonnenbrille wieder aufgesetzt und begrüßte die Bewerberin. »Nehmen Sie Platz«, sagte er förmlich und verzog sich hinter seinen Schreibtisch. Während er noch einmal in ihrer Bewerbungsakte blätterte und das sie in höchsten Tönen lobende Zeugnis des französischen Hotels, in dem sie wohl eine Art Lehre gemacht hatte, mit scheinbar großer Konzentration durchlas, musterte er die Gräfin unauffällig. Was da in Schottenrock und Twinset, mit Perlenkette und Siegelring, das kräftige, dunkle, ein Schneewittchengesicht umrahmende Haar in einen tiefsitzenden Knoten geschlungen, vor ihm saß, erinnerte ihn plötzlich an ein Porträt, das er beim heimlichen Herumstöbern in Tante Marthas Bücherschrank in einem Kunstbuch gefunden hatte.

Glücklicherweise hatte die arglose Tante Martha, die alles, was in Richtung körperliche Liebe

ging, mit dem Wort »würdelos« abtat, nicht geahnt, auf was er aus war, denn gerade auf diesem Gebiet zeigte der fünfzehnjährige Oliver außerordentliches Interesse und war ganz versessen auf würdelose Bilder. »Die Frau als Hausärztin« genügte ihm schon lange nicht mehr. Allerdings erwies sich das Kunstbuch mit Frauenporträts berühmter Maler als herbe Enttäuschung, denn keine der Frauen zeigte, bis auf nackte Schultern, genügend Blöße. Auch das Porträt nicht, an das ihn die Gräfin erinnerte. Die Person nannte sich »Iphigenie«, und der Maler hieß Feuerbach. Das hatte er behalten.

Oliver Hausmanns Vorstellungen vom Adel waren nur sehr verschwommen. Soviel er wusste, diente er Kaisern und Königen und wohnte in Schlössern, wurde von den Bedienten nur in der dritten Person angeredet, bezeichnete seine Freundinnen als Mätressen und trank Wein aus großen Pokalen. Doch dass dieses Geschöpf adlig war, daran gab es keinen Zweifel. Schon der Name Julia, damals noch ganz unüblich, bürgte dafür. Allerdings, ihre Hände waren reichlich kräftig, und auch die Füße gehörten nicht zu den schmalsten. Trotzdem.

Er räusperte sich. »Nun ja, sieht ja alles recht ordentlich aus.« Er machte eine Pause, um die Spannung zu erhöhen. Uradel, aber Flüchtling

und Vollwaise. Wahrscheinlich war das arme Kind jetzt schon fix und fertig mit den Nerven und leicht zu lenken. Im Übrigen würde sie später mal sehr aus dem Leim gehen, dachte er und fühlte sich überlegen. Dieses Gefühl verließ ihn allerdings sehr schnell, als die Adlige plötzlich den besorgten Blick einer Krankenschwester zeigte. »Scheußlich, so eine Bindehautentzündung«, sagte sie. »Man sieht mit den roten Augen aus wie ein Angorakaninchen.«

Aber mütterliches Verständnis war nun wirklich das Letzte, was Oliver Hausmann von so einer jungen Person, und sei sie noch so adlig, wollte. Unwillig warf er die Brille auf den Schreibtisch. »Kommen wir also zum Geschäftlichen«, sagte er abweisend. »Ich meine, wir sollten es mal miteinander versuchen. Das Gehalt« – und er nannte eine, wie er fand, großzügige Summe – »wird bestimmt Ihre Zustimmung finden.«

Zu seiner Verblüffung fiel ihm die Vollwaise keineswegs vor Begeisterung um den Hals. Mit einer Bewegung, die ihn an seine Tante erinnerte, wenn sie ihr Korsett zurechtschob, reckte sich die Gräfin und schüttelte energisch den Kopf. »Ich muss ja schließlich auch noch meine Miete bezahlen.« Sie stand auf.

Aber nun wollte er sie unbedingt haben, und

so legte er, wenn auch innerlich stöhnend, noch einiges drauf. »Also dann, auf gute Zusammenarbeit«, sagte er und hoffte vergeblich auf ein dankbares Lächeln.

Sie nickte nur und sagte gleichmütig: »Es wird schon klappen.«

Was für eine arrogante Person, dachte er, wahrscheinlich total frigide. Auch lehnte sie es zu seinem Missfallen strikt ab, ihr Quartier im Hotel zu beziehen. Natürlich sei sie bereit, eine Ausnahme zu machen, wenn es die Umstände erforderten, ansonsten gebe es ja den Nachtportier. Doch dann, als sie sich von ihm verabschiedete und seine Hand herzhaft drückte, blitzte etwas in ihren Augen auf, was er an Frauen sehr zu schätzen wusste, ein verschmitztes »Nu man sachte, Junge«. Erleichtert stellte er fest, dass sie das Fluidum hatte, und irgendwann, das schwor er sich, würde sie in seinem Bett landen.

Doch sie ließ ihn länger zappeln, als Oliver Hausmann es gewohnt war. Dabei war er in seinen Augen ein geduldiger Jäger, der jedem Wild die schicklichen Fluchten zubilligte. Aber Julia gab ihm nicht das geringste verheißungsvolle Zeichen, nicht einmal seine Hand durfte er freundschaftlich auf ihre Schulter legen. Sie schüttelte sie wie ein lästiges Insekt ab. Und wenn sie sich an schönen Frühlingstagen in dem

kleinen Park sonnte und er sich dazugesellte, stand sie ein paar Minuten später auf und ging ins Haus. Doch dann, völlig unerwartet, spürte er plötzlich, dass sie sich auf der gleichen Gefühlsebene bewegten. Aus unerklärlichem Grund neigte seine Iphigenie zum Stolpern, vielleicht, weil sie es immer zu eilig hatte und große Schritte nahm. Und so passierte es, dass sie auf der Treppe die vorletzte Stufe verfehlte und ihm, der gerade die Treppe hinaufgehen wollte, in die Arme fiel. Das, was da so gegen ihn prallte, hatte schon sein Gewicht, und er musste beherzt zugreifen, um die Balance zu halten.

»Oh«, sagte sie, und plötzlich schien es ihm, als wäre sie mit einem sanften Techtelmechtel einverstanden und durchaus bereit, ein Küsschen hinzunehmen. Das »Fluidum« jedenfalls stimmte. Doch als er gerade ihre Lippen suchte, tauchte dummerweise Oberkellner Alfred auf. Mit seinem wohlvertrauten Räuspern, das so viel hieß wie: »Gleich gibt's ein paar hinter die Löffel, mein Junge«, verdarb er ihm das Vergnügen.

Alfred war die rechte Hand von Tante Martha und das Faktotum des Hotels gewesen. Und wenn Oliver seine Ferien dort verbrachte, sorgte er für saubere Fingernägel, geschnittenes Haar, einen gewaschenen Hals und was Ordentliches zu essen, während Tante Martha mehr dahinter her

war, dass nichts »Würdeloses« passierte. Oliver kam sich zwar in seiner Gegenwart immer noch wie ein kleiner Junge vor, der zu parieren hatte, mochte sich aber nicht von ihm trennen, denn mal abgesehen davon, dass er auf die großen Erfahrungen des Kellners, was das Hotel betraf, nicht verzichten konnte, hing er sehr an ihm.

Der alte Oberkellner bekam schnell mit, dass es mit den Fachkenntnissen der jungen Hausdame trotz des guten Zeugnisses nicht allzu weit her war und dass er sie noch ein wenig unter seine Fittiche nehmen musste. So, als sich Julia mit Feuereifer daran machte, das altmodisch eingerichtete Hotel umzukrempeln, und er gerade noch verhindern konnte, dass die Vertreter, beglückt von Julias Ahnungslosigkeit, ihr teure Ladenhüter aufzuschwatzen versuchten: völlig aus der Mode gekommenen Gardinenstoff, den es eine Zeitlang in jedem Krankenhaus und Kinderheim gegeben hatte, oder als erlesen angepriesenes Porzellan, dem man ansah, dass es nicht mal eine Saison überstehen würde.

Mit Alfreds Unterstützung lernte Julia schnell und entwickelte eigene Ideen, die Oliver Hausmann sehr gefielen. Allerdings griff sie auch manchmal voll daneben, wie bei der Anschaffung eines Neufundländers, der dekorativ in dem, was der Prospekt leicht übertrieben die Halle nannte,

das mottenzerfressene Tigerfell ersetzte und das Raus und Rein der Gäste beobachtete. Dummerweise waren nicht alle Hundefreunde, und nachdem er einer Dame bei seiner stürmischen Begrüßung den neuen Persianer vollgesabbert und im Spiel eines dieser Zitterhündchen mit seinen großen Pfoten fast erdrückt hatte, musste er wieder abgeschafft werden, worüber Julia zum Erstaunen ihres Chefs in Tränen ausbrach. Ebenso war das Aquarium ein Reinfall, das sie, um dem Speiseraum eine elegantere Note zu geben, mit munteren Zierfischen gefüllt zwischen Blattpflanzen platziert hatte. Die Tag und Nacht von grellem Neonlicht beunruhigten Tierchen gingen schnell ein und mussten ständig ersetzt werden, was durch die zahlreichen Zigarettenkippen, die die Gäste in das Becken warfen, noch beschleunigt wurde.

Aber alles in allem hatte Julia eine glückliche Hand, vor allem mit dem Personal, das bis dahin nicht gerade ein Vorbild an Freundlichkeit und Gefälligkeit gewesen war. Doch Julia brachte ihnen in diplomatischer Weise bei, wie nützlich es für sie sein könne, den Gast ein wenig zu umschmeicheln und seine Fragen nicht mit stummem Achselzucken oder einem muffigen »Weiß ich doch nicht« oder »Keine Ahnung« zu beantworten. Noch mehr als Julias freundliche Er-

mahnung wirkten die nun großzügig fließenden Trinkgelder.

Bei allen Neuerungen, die Julia einführte, ließ sie ein Zimmer unberührt, den kleinen Raum, in dem sich Tante Martha am liebsten aufgehalten hatte, was Oliver Hausmann sehr pietätvoll fand. Dort blieben der »Elfenreigen« und die »Betenden Hände« an der Wand, die Häkeldeckchen auf dem Sofa. Dort wurde auch die von Tante Martha so geliebte Kakteensammlung deponiert und von Julia eigenhändig liebevoll gepflegt. Es war ein Raum, in den sich die Hausdame gern während der Mittagspause zu einem kleinen Nickerchen zurückzog.

Oliver Hausmann war rundum zufrieden mit ihr, nahm die Komplimente der Gäste geschmeichelt entgegen und sang seinerseits, wo es sich ergab, ein Loblied auf seine Hausdame. »Ist sie nicht fabelhaft?« sagte er zu einem Stammgast, der gerade schmunzelnd zusah, wie Julia einen reichlich beschwipsten Herrn aus dem Speiseraum komplimentierte.

Der Gast nickte lachend. »Merkwürdig«, sagte er, »irgendwie kommt mir Ihre Gräfin bekannt vor.« Dann schüttelte er den Kopf. »Aber das ist ja unmöglich, wenn sie, wie Sie sagen, ein Flüchtlingskind aus dem Osten ist.« Trotzdem durchkramte er sein Gedächtnis, und dabei fiel

ihm wieder das kleine Mädchen aus dem Luftschutzkeller hier in der Stadt ein.

Es war der erste Bombenangriff seines Lebens gewesen, und er hatte da erst so richtig begriffen, dass Front und Heimat keineswegs mehr verschiedene Welten waren. Zweimal war er mit einem Panzer in die Luft geflogen, war schweren Artilleriefeuern ausgesetzt gewesen und hatte bei dreißig Grad unter Null in einem Erdloch hockend Schneestürme über sich ergehen lassen. Aber das, was sich hier fast täglich abspielte, zeigte ihm, dass es für alles immer noch eine Steigerung gab und die Angst, lebendig begraben zu werden, anderen Ängsten in nichts nachstand. Die Flak hatte bereits zu schießen begonnen, und dazwischen war das tiefe Brummen der feindlichen Flugzeuge zu hören. Da öffnete sich noch einmal die Kellertür, und im letzten Augenblick kam eine junge, recht korpulente Frau, ein kleines Mädchen an der Hand, die Treppe hinuntergestürmt, wobei die Kleine die vorletzte Stufe verfehlte und fast hingefallen wäre. »Pass doch auf, du Stolperjulchen«, schimpfte die Mutter. »Heb die Beine!« Die Kleine begann zu weinen und schluchzte etwas, das wie »Mäxchen, Mäxchen« klang.

»Nu mach mal halblang«, sagte die Mutter nervös und schubste sie auf den Platz neben ihn.

»Hunde im Keller sind verboten, und dann noch so ein Riesenköter wie Mäxchen. Der ist im Laden gut aufgehoben. Da zieht jeder Plünderer Leine.«

Das kleine Mädchen hielt mit einer Hand eine Tüte matschiger Erdbeeren umklammert, aus der es sachte tropfte, und schmiegte sich an ihn, während draußen ein Höllenlärm begann und der Keller schwankte. Bald darauf gab es ein ohrenbetäubendes Geräusch, das wie das Schließen eines gigantischen Reißverschlusses klang, und er verlor das Bewusstsein. Als er wieder zu sich kam, gelang es ihm, sich aus Schutt und Geröll zu befreien und sich nach draußen zu retten. Während er noch halb betäubt, orientierungslos und verwirrt auf der Straße saß, kam ein Mann mit dem kleinen Mädchen auf dem Arm an ihm vorbeigerannt.

»Sie hat eben das richtige Fluidum«, hörte er den Hotelbesitzer sagen, »und treu ist sie auch. Man hat schon häufiger versucht, sie mir abzuwerben.«

Doch, wie Tante Martha wahrscheinlich gesagt hätte, unverhofft kommt oft. Oliver Hausmann versuchte gerade, sich einen Stoß zu geben und das Gehalt seiner Hausdame aufzubessern, da kündigte die Perle. Sie wollte sich unbedingt verändern und hatte beim Adelsarchiv eine Stel-

lung als rechte Hand des Leiters angenommen. Seiner Enttäuschung machte Oliver in einer richtigen Szene Luft, zum großen Entzücken der Kriegerwitwe, die Julia zwar inzwischen sehr zu schätzen wusste, aber die gelegentlichen stürmischen Auftritte ihres Chefs genoss, solange sie nicht selbst betroffen war. Rücksichtslos würgte sie jedes Telefongespräch für ihn ab, um ja kein Wort zu verpassen. Als Oliver Hausmann sich wieder beruhigt hatte, suchte er Julia, um sie doch noch umzustimmen, in Tante Marthas Refugium auf, in das sie sich zurückgezogen hatte. Doch seine Bemühungen blieben vergebens. Sehr zu seinem Erstaunen fiel ihr der Abschied von Tante Marthas Rumpelbude sichtlich schwer, ebenso von den scheußlichen, inzwischen zu grotesken Formen gewucherten Kakteen, die sie der Obhut Alfreds anvertraute.

Oliver Hausmann blieb nun nichts anderes übrig, als die Zügel wieder selbst in die Hand zu nehmen und sich um die langweiligsten Dinge zu kümmern, was er nur sehr unwillig tat. Ein Vierteljahr später war er verheiratet, und als er seine zukünftige Frau der Kriegerwitwe vorstellte, wurde dieser klar, wer hier in Zukunft das Sagen haben würde. Die Braut war keineswegs mehr ein junges Ding und hatte das Hotelfach von der Pike auf gelernt.

Die Jahre vergingen, das Hotel war verkauft, das Ehepaar Hausmann längst im Ruhestand, als Oliver unerwartet wieder auf die Spur der Gräfin stieß. Ein ehemaliger Schulkamerad war gerade zu Besuch, und sie redeten wie üblich von alten Zeiten, da entdeckte Frau Hausmann etwas in einer Illustrierten. »Lies mal«, sagte sie zu ihrem Mann und deutete auf einen Artikel. »Das wird dich interessieren.«

Es war ein Interview mit seiner ehemaligen Hausdame, und er staunte, was von dieser undankbaren Person inzwischen alles auf die Beine gestellt worden war. Sie hatte sich in der Adelsgenossenschaft um soziale Projekte verdient gemacht, war in Bonn Assistentin der Protokollchefin Frau Erika Papritz gewesen, hatte sich später selbständig gemacht, Adelsbälle und Feste, Ausflüge und Radtouren organisiert, auf denen sich die adlige Jugend näherkommen sollte, und in den bunten Blättern Artikel über gutes Benehmen geschrieben. Jetzt war sie, wie die Hausmanns auch, im Rentenalter. Doch so ganz hatte sie ihre Arbeit noch nicht aufgegeben. Sie klärte junge Journalisten, die von ihrer Redaktion zu königlichen Hochzeiten geschickt wurden, über Sitten und Gebräuche bei Hofe auf und darüber, wie die hohen Herrschaften untereinander verwandt waren, damit die Daten nicht

zu sehr durcheinandergerieten. Sie war also alles in allem noch sehr gefragt.

In diesem Interview erwähnte sie auch Oliver Hausmanns Hotel, und es kam dabei heraus, dass sie in Frankreich keineswegs das Hotelfach gelernt, sondern lediglich als Au-pair-Mädchen auf die Kinder eines Hotelbesitzers aufgepasst hatte, eines recht knauserigen Menschen, der gern bereit war, ihr statt einer vernünftigen Bezahlung jede Referenz auszustellen, die sie haben wollte. Das versetzte Oliver Hausmann ebenso einen Stich wie die Tatsache, dass seine Iphigenie in ihrer Freizeit, von ihm unbemerkt, anscheinend einen ziemlich »würdelosen« Lebenswandel geführt hatte. Von Tantchen wäre Julia sicher sofort durchschaut worden. »Frauen mit großen Füßen«, pflegte sie zu sagen, »haben es immer faustdick hinter den Ohren.« Aber Julia hätte vielleicht für Tantchen etwas übrig gehabt. Jedenfalls hörte sie immer gern Geschichten über Tante Martha und liebte deren Zimmer mit all seinem Kitsch. Sie behauptete, Tantchens Boudoir, wie sie es nannte, hätte noch so etwas gemütlich Altmodisches, ein für eine junge Frau etwas sonderbarer Ausdruck, wie er damals fand. Sie waren ein gutes Gespann gewesen, der alte Oberkellner und sie. Und dann diese plötzliche Kündigung! Er erinnerte sich noch genau an Julias eigenarti-

ges Benehmen, als er sie deshalb in Tantchens Zimmer aufgesucht hatte. Sie saß auf dem Kanapee mit jenem leeren Blick, den er schon manchmal an ihr bemerkt hatte, und schien ihn gar nicht wahrzunehmen, bis er sich räusperte.

Wehmut überkam ihn. Zweifellos war seine Frau eine großartige Person, und er wüsste gar nicht mehr, wie er ohne sie zurechtkäme. Aber mit dem Fluidum hatte sie es nicht so. Dafür seine Tochter um so mehr, vielleicht sogar ein bisschen zu viel. Aber nun hatte auch dieser Topf seinen Deckel gefunden. Ausländer zwar, der Junge, aber immerhin Europäer und enorm tüchtig. Und eine entzückende Enkeltochter war nun auch da. Außerdem, nichts war für einen Mann auf die Dauer anstrengender als eine komplizierte Frau. Der gute Alfred, der nun schon lange auf dem Friedhof lag, hatte ihn da bestimmt vor Schlimmerem bewahrt.

Er tat einen Seufzer und las weiter. Eine Zeitlang war seine Hausdame sogar, wie sie diskret andeutete, mit einer königlichen Hoheit so gut wie verlobt gewesen, der sich dann doch anders entschied. Illustriert war das Interview mit einem offensichtlich stark geschönten Porträt der Gräfin, einem verwaschenen Foto von Schloss und Park, dem ehemaligen Besitz der Familie im Osten, und einem Bild von den Eltern und Julia

nach ihrer Flucht, auf einer Bank sitzend, auf der merkwürdigerweise nicht Julia, sondern die Mutter eine Puppe im Arm hielt.

Auch der Schulkamerad betrachtete die Fotos überrascht und sagte: »Das Ehepaar kenne ich. Wir sind uns nach Kriegsende begegnet. Ich war ja im Gegensatz zu dir zum Kriegsdienst verpflichtet und musste für das Unternehmen Bartholt mit anderen Maulwürfen den Ostwall schippen, der die feindlichen Panzer bremsen sollte.«

»Ich weiß«, sagte Oliver Hausmann milde, der diese Geschichten schon in- und auswendig kannte. Sein Schulkamerad runzelte die Stirn, und Oliver Hausmann beeilte sich, zu sagen: »Erzähl weiter.«

»Glücklicherweise hat man uns ja dann doch noch rechtzeitig nach Hause geschickt, und ich konnte zu meiner Familie zurück. Aber das weißt du ja alles, auch dass wir in diesem Kaff von Kleinstadt gelandet sind.«

Oliver nickte. »Aber nicht, dass du mit einer Grafenfamilie Tür an Tür gewohnt hast.«

Der Schulfreund grinste. »Wie konnte ich das vergessen. Wo sie doch die Eltern von deiner hochadligen Hausdame waren.«

Zu Olivers Enttäuschung erinnerte sich sein Schulkamerad nur noch sehr verschwommen an

die kleine Julia. »Es wimmelte schließlich von Kindern damals, die durch die Gegend tobten und über die man förmlich stolperte. Und wie eine Comtesse sah das kleine Mädchen sowieso nicht aus. Ich habe es eher für ein Flüchtlingskind gehalten, das der Frau des Grafen Gesellschaft leistete, während er beim Bauern arbeitete.«

»Wie waren die Eltern denn so?« fragte Oliver. »Ich meine, so Adlige, die müssen doch irgendwie anders sein.«

»Er war eigentlich ganz normal«, sagte der Schulfreund. »Nur mit der Frau stimmte was nicht. Er deutete mal so was an, dass sie nach einem Unfall irgendwie geistig stehen geblieben war. Als er sie heiratete, war sie knapp sechzehn, und er hatte wohl gedacht, das verwächst sich noch. Sie muss bildhübsch gewesen sein. Auf jeden Fall besaß sie eine Menge Kies, und er versuchte, damit seinen Besitz zu sanieren. Was ihm aber wohl nicht so recht gelungen ist, haben sich jedenfalls meine Eltern erzählt«, fügte er hinzu, als er Olivers erstaunten Blick sah. »Übrigens war mein Vater sehr beeindruckt von dem Grafen. Der tat immer so verträumt, war aber dabei auch ganz schön schlitzohrig und kannte sich erstaunlich gut auf dem Schwarzmarkt aus. Er hat meinen Eltern erzählt, jetzt hätten sie alles wieder beisammen, er und seine

Frau, was auf der Flucht an Dokumenten verlorengegangen war, auch die Geburtsurkunde ihrer Tochter.«

»Adel hin, Adel her«, sagte Frau Hausmann, das Thema energisch beendend. »Jetzt essen wir erst mal einen Happen.«

Unterdessen plagte sich Oliver Hausmanns ehemalige Perle mit dem Nachwuchs der Schönen und Reichen in einem Kursus unter dem altmodischen Motto »Mit dem Hut in der Hand« ab. Ihre Jeunesse dorée war zwischen dreizehn und sechzehn und hatte anscheinend von so etwas wie gutem Benehmen noch nie gehört. Wahrscheinlich wurden sie von ihren Müttern unermüdlich am Kreiseln gehalten und von einer Beschäftigung zur anderen gejagt, voller Angst, andere Mütter könnten ihren Kindern womöglich mehr bieten, so dass die üblichen Anstandsregeln ins Hintertreffen geraten waren.

Der Unterricht fand im Speisesaal eines Nobelhotels statt, und die Gräfin wurde dabei von einem netten Kellner unterstützt, der mit ihr hin und wieder verständnisvolle Blicke wechselte. Immerhin zeigten ihre Belehrungen auf diesem Gebiet eine gewisse Wirkung. Jedenfalls wurden vor dem Essen die Handys brav abgestellt, die Stimmen auf Zimmerlautstärke ge-

senkt, die Ellbogen vom Tisch und die Kaugummis aus dem Mund genommen. Nur ein bulliges Kerlchen, dessen Eltern wahrscheinlich in ihm bereits den zukünftigen Bundesbankpräsidenten sahen, gab einem andern einen Schubs und rief: »Schleich dich vom Acker. Hier sitz ich!«

Auch sonst gab es einiges Erfreuliches zu registrieren. Die kleine Rothaarige mit den schwarz umrahmten Augen trug jetzt eine sittsame Bluse über ihrem gepiercten Bauchnabel, man war allgemein bemüht, nicht mit vollem Mund zu sprechen, keine Kartoffeln mit Hilfe der Gabel auf sein Gegenüber abzuschießen, weder mit den Bestecken nervös herumzuspielen noch mit dem Stuhl zu kippeln oder sich den Teller vollzuhäufen und dann die Hälfte stehenzulassen. Die Unterhaltung allerdings bewegte sich weit entfernt von gesittetem Smalltalk in engen Grenzen – »Warste auch da?« – »Mm.« – »Und?« – »Geil.«

Julia hob die Tafel auf und ermahnte die zukünftigen Staatsanwälte, Wirtschaftsbosse und Politiker, nicht als Erste durch die Tür zu drängeln, die Hände aus den Hosentaschen zu nehmen, wenn sie eine Dame begrüßten, und beim Gespräch mit einem Mitglied der älteren Generation die bequeme Haltung im Sessel aufzugeben und aufzustehen. Dann entließ sie die Kinder, de-

ren Mütter schon bereit standen, um ihre Lieblinge nach Hause zu fahren, denn öffentliche Verkehrsmittel kamen natürlich gar nicht in Frage.

Auf dem Weg in die Garderobe wartete Julia gespannt, wer von den jungen Leuten ihr wohl in den Mantel helfen würde. Es war, wie vorauszusehen, der Junge, der ein irisches Internat besuchte. Englische und irische Internate waren zur Zeit en vogue, sie waren sozusagen Bratkartoffeln ohne Kaviar, denn dort ging es noch zu wie zu Preußens Zeiten: zusammengekochtes Essen, mehrere Schüler in einem Zimmer untergebracht, sparsam geheizte Räume, ein strammes Arbeitsprogramm und Lehrer, die mit »Sir« angeredet werden mussten. Trotz der spartanischen Lebensweise fühlten sich die verwöhnten »Kids« dort ausgesprochen wohl, die Zeugnisse verbesserten sich zusehends, und die Eltern waren begeistert.

Während Julia sich den Mantel zuknöpfte, spürte sie, wie sie eine der Mütter ins Visier nahm, die, als ihre Blicke sich kreuzten, auch gleich mit dem Geplänkel begann. Sie war eine von den sportlich mageren Typen, bei deren Anblick man meinte, einer Indianerin mit aufgestülpter blonder Perücke gegenüberzustehen. Und sie war Julia herzlich unsympathisch, was auf Gegenseitigkeit beruhte.

»Ach, meine Liebe«, flötete die Mutter. »Sie sehen wirklich etwas erschöpft aus. Kinder sind eben doch sehr anstrengend. Aber sagen Sie selbst: Kann man deshalb auf sie verzichten?«

»Ich schon«, sagte Julia trocken.

Die Mutter lachte. »Sie sind immer so herzerfrischend ehrlich. Ich hoffe, mein Alexander hat sich einigermaßen benommen.«

»Hat er«, sagte Julia. »Er hat den anderen nur noch dreimal erzählt, dass seine Eltern eine Insel in der Karibik besitzen, sogar mit eigener Kirche, nur für sie allein.«

In der Garderobe verstummten die Gespräche.

»Der Gute«, sagte seine Mutter mit einem nervösen Lachen und fügte dann mit lauter Stimme hinzu: »Ich habe gehört, man hat Ihnen den Führerschein abgenommen, Gräfin – was für ein Pech! Ich habe deshalb gleich zu meinem Mann gesagt: Wir nehmen den Jaguar. Dann können wir die Gräfin nach Haus fahren. Das Cabrio ist zu unbequem für sie.«

Verdammte Hexe, dachte Julia und schenkte ihrer Feindin ein höfliches Lächeln. »Wie reizend von Ihnen. Aber machen Sie sich keine Gedanken. Dirk wird mich nach Haus bringen lassen.«

Der Kontrahentin entschlüpfte ein erstauntes »Oh!«

Dirk Hartmann war der Direktor des Nobelhotels. Er spielte in der Gesellschaft eine nicht unerhebliche Rolle. Julia nannte ihn weder beim Vornamen noch hatte sie bislang ein einziges Wort mit ihm gewechselt. Doch das würde wohl kaum jemand nachprüfen. Man trennte sich mit distanziertem Lächeln.

Als alle gegangen waren, nahm Julia ein Taxi und fuhr nach Haus. Unzufrieden mit sich, schloss sie die Wohnungstür auf. Warum hatte sie sich von dieser dummen Pute nur so provozieren lassen! Der Verlust ihres Führerscheins war wirklich kein Geheimnis, und sie war nun mal als rasante Fahrerin bekannt. Sie stolperte im Flur über einen Schuh und gab ihm einen ärgerlichen Tritt. Was war bloß mit ihr los? In letzter Zeit geriet sie leicht aus dem Gleichgewicht. Immer hatte sie diese innere Unrast, und die Freunde sagten kopfschüttelnd: »Wo willst du denn nun schon wieder hin?« Sie musste einfach mal mehr zur Ruhe kommen. Seit drei Jahren machte sie schon diese Kurse, und es war allmählich wirklich an der Zeit, damit aufzuhören. Schließlich kam sie mit dem, was sie sich gespart hatte, und der Rente gut zurecht. Außerdem stand es mit der Zahlungsmoral nicht immer zum Besten, und sie hatte keine Lust mehr, hinter ihren Auslagen herzurennen.

Sie ging an den Schreibtisch, um zu sehen, ob es auf ihrem Konto noch Außenstände gab. Dabei fiel ihr das alte Interview in die Hände. Sie las es kopfschüttelnd. Das war nun auch schon wieder eine Ewigkeit her, und sie bereute das Ganze heute noch. Mein Gott, was hatte sie damals trotz ihrer Presseerfahrung herumgestottert und alles Mögliche aus sich herausholen lassen. Erinnerungen tauchten auf und verschwanden. Der Tod der Mutter, da war sie gerade zehn, die Freundin des Vaters, die an ihre Stelle rückte und sich fürsorglich um sie kümmerte, wenn sie in den Ferien aus dem Internat nach Hause kam, wobei das Wort »nach Hause« kaum zutraf, denn ihr Vater, der als Vertreter arbeitete, musste mehrfach Stadt und Wohnung wechseln.

Im Gegensatz zu den meisten Adelsfamilien war mit ihrer Verwandtschaft kein Staat zu machen. Sie hatte sowieso nur aus zwei Tanten bestanden, die inzwischen längst tot waren. Sie hatte sich dem Vater eigentlich immer näher gefühlt als der ewig kränkelnden Mutter, für die er von ihr viel Rücksichtnahme verlangte. Sie erinnerte sich, dass sie, anstatt mit den anderen Kindern draußen herumzutoben, ganze Nachmittage mit ihr Dame und Mühle spielen musste. Aber der Vater hatte auch darauf gesehen, dass es ihr an nichts fehlte, ihr beispielsweise die ob-

ligatorische Zahnspange verpasst wurde und für vernünftiges Schuhwerk gesorgt war, sogar noch vor der Währungsreform. Später dann erst recht hatte sie immer als Erste etwas, worum sie die anderen Kinder beneideten, ein Fahrrad, einen von allen heiß begehrten Modeschmuck, ein Radio oder einen kleinen Kosmetikkoffer. Ihr Anwalt, damals auch ihr Vormund, sprach mit großem Respekt von ihrem Vater. Noch nie hatte er mit einem Nachlass so wenig Arbeit gehabt. Die nötigen Papiere waren wohlgeordnet beieinander, auch die Unterlagen für den Lastenausgleich. Alles in allem, dachte Julia, hatte es das Schicksal gut mit ihr gemeint. Schon allein das Adelsprädikat war eine Bevorzugung. Gerade in schlechten Zeiten hielt der Adel besonders zusammen, und wenn man den »richtigen Stallgeruch« besaß, stand einem in fast jeder Stadt ein Quartier offen. Sie überflog noch einmal den Artikel und lachte nachträglich über den Unsinn, den sie da verzapft hatte, vor allem über das, was dann von der Reporterin mit der Königlichen Hoheit zusammengereimt worden war. Sie hörte den Redakteur förmlich zu dem armen jungen Ding sagen, das so krampfhaft bemüht war, etwas Flockiges aus ihr herauszuholen: »Habe ich dich zu einer Nonne geschickt oder was?« Und so waren Dichtung und Wahrheit ein

wenig aus dem Gleichgewicht geraten, denn in Wirklichkeit hielten sich ihre geheimnisvollen »Affären« durchaus in Grenzen. Sicher hatte es auch bei ihr an dem nötigen Fluidum gefehlt, das dieser Hotelfritze immer von den Frauen erwartete. An sich ein ganz netter Typ – und geradezu rührend dieser Oberkellner.

Sie zog Schuhe und Strümpfe aus, machte es sich auf dem Sofa gemütlich und betrachtete voller Abscheu ihre Füße. Waren die nicht ihrem Alter mindestens zwanzig Jahre voraus? Ach ja, das Alter. Es nagte nicht nur an Knien und Füßen, sondern auch am Gemüt und besonders am Gedächtnis.

Sie sah die Post durch. Das einzig Interessante war ein Brief aus Polen in einer ihr fremden Handschrift. Als sie den Umschlag öffnete, fielen mit dem Schreiben Fotos heraus, die das Schloss ihrer Vorfahren zeigten. Jetzt erinnerte sich Julia wieder, dass man sie im vergangenen Jahr darauf angesprochen hatte, dass das elterliche Schloss von einem polnischen Geschäftsmann aus Warschau gekauft worden war. Aber es hatte sie merkwürdigerweise kaum interessiert. Was wollte dieser Pole bloß mit einem halb zerstörten Gebäude, in dem Brennnesseln, Mäuse und ähnliches es sich gemütlich machten. Und nun stellte er sich ihr als neuer Besitzer vor, berichtete von

den Renovierungsarbeiten und dass sich seine Frau und er über einen Besuch der Gräfin außerordentlich freuen würden. Und ganz besonders jetzt, wo sich kürzlich herausgestellt habe, dass Julia die berühmte Hausdame im Hotel seines Schwiegervaters gewesen sei. So was Verrücktes, dachte Julia, kann auch nur mir passieren. Die Tochter meines früheren Chefs als Schlossbesitzerin! Bis jetzt hatte sie wenig Interesse an ihrer alten Heimat gezeigt, aber nun fand sie, es sei höchste Zeit, das Versäumte nachzuholen, zumal der Pole schrieb, sie wollten alles so stilgerecht wie möglich wiederherstellen, und vielleicht fiele ihr ja noch dieses oder jenes dazu ein.

Als sie ihren Führerschein wiederhatte, machte sie sich im Sommer darauf auf den Weg. Es wurde eine anstrengende, aber überaus eindrucksvolle Fahrt. Zwar war der Verkehr auf den Hauptstraßen fast so dicht wie in Deutschland, an den Seen drängten sich Menschenmassen, und vor lauter Segelbooten konnte man kaum das Wasser sehen, aber als sie die Hauptstraßen verließ, fand sie sich in einer Landschaft wieder, in der die Natur so wie früher den Ton angab. Die vielen Storchennester auf den Giebeln der Bauernhäuser, die Hecken und Seen, die hohen alten Bäume der Alleen, alles war wie eine Mah-

nung, ihre unwiederbringliche Schönheit nicht durch Autobahnen, Windparks oder Einkaufszentren zu zerstören.

Sie rastete an einem einsamen kleinen See, in dem sich Trauerweiden und Wolken spiegelten, und hörte nachts in einer Dorfpension, wie sie Julia nur noch aus dem Fernsehen kannte, den einer missgelaunten Kuh gleichenden Ruf der Rohrdommel, das »Krrr« des Teichhuhns und das unermüdliche Konzert der Frösche.

Auf dem letzten Stück des Weges verfuhr sie sich. Es war bereits dunkel, als sie in die lange Kastanienallee einbog, die zum Schloss führte. Sie hielt an und stieg aus, um den Wegweiser zu lesen. Das helle Mondlicht ließ die Bäume scharfe Schatten werfen, Glühwürmchen tanzten vor ihr her, und ab und zu fuhr ein kurzer Windstoß über das angrenzende Getreidefeld, sodass es wie ein fernes Seufzen klang und die Grillen verstummten.

Ihre Gastgeber erwarteten sie bereits auf der Freitreppe, und im weißen Mondlicht sah das Schloss aus, als hätte es Krieg und Zerstörung nie gegeben. Die Begrüßung war überaus herzlich, und auch mit dem Hausherrn gab es keine Verständigungsschwierigkeiten, denn er sprach fließend Deutsch. Für eine längere Unterhaltung war Julia jedoch zu müde, und die Gastge-

ber brachten sie in das für sie hergerichtete Zimmer. Sie schlief traumlos und fest und wurde erst von dem Gurren der Tauben und einem krähenden Hahn geweckt.

Beim Frühstück lernte sie auch die kleine Tochter kennen, die etwa in demselben Alter sein musste wie sie damals, als sie auf die Flucht gingen, und die, wie sie voller Rührung hörte, auch Julia hieß. Dann begannen sie ihren Rundgang, und das Ehepaar fragte Julia aus, wie es hier und dort wohl früher ausgesehen hatte. Julias Gedächtnis ließ sie bei den meisten Details mal wieder im Stich, aber zum Glück konnte man aus den mitgebrachten Fotos einiges rekonstruieren. Voller Bewunderung sah Julia, was das junge Paar in Schwerstarbeit und mit offensichtlicher Begeisterung wiederhergestellt hatte. Nach und nach kramte sie diese und jene Erinnerung hervor, von denen vieles allerdings, das war ihr klar, auf das zurückging, was ihr der Vater erzählt hatte. Ich war einfach noch zu klein, dachte sie und sagte dann: »Es muss hier irgendwo eine Kammer voller Spielzeug gegeben haben, das teilweise noch von den Eltern und Urgroßeltern stammt.«

Der Pole nickte. »Stimmt. Ein paar geschnitzte Pferde samt Pferdestall haben wir unter dem Schutt gefunden.«

»Und jetzt spielt Julia damit«, sagte Hausmanns Tochter verträumt.

Julia lächelte. Die junge Frau war ihrem Vater wie aus dem Gesicht geschnitten und erinnerte sie an Zeiten, in denen sie eigentlich recht glücklich gewesen war.

Nach der Besichtigung fühlte sie sich erschöpft und hätte sich gern ein wenig hingelegt. Doch die Gastgeber meinten, auf der Terrasse sei es kühler, dort gehe immer ein leichter Wind, und Schatten gebe es auch. Sie servierten ihr eine Schorle, und nach dem ersten Glas fühlte sie sich tatsächlich munterer. Auch ließ sich die Schleuse ihrer Erinnerungen nicht so schnell wieder schließen, und bald wechselte das Ehepaar unter Julias nicht endenwollendem Redefluss hilflose Blicke. Die Augen auf den schon wieder angelegten Park und den kleinen Teich bei der Silberpappel mit seinen praktischen Plastikgoldfischen gerichtet, sprach sie immer schneller, sodass die Gastgeber Mühe hatten, dem etwas wirr sprudelnden Bericht von Kindergeburtstagen, durchgehenden Pferden, einem tollwütigen Hund und Ostereiersuchen zu folgen. Sie war gerade bei einer Pilzvergiftung angelangt, die ihre Mamsell sich zugezogen hatte, als ihre Namensvetterin die Terrasse hinaufkletterte, eine Stufe verfehlte und hinfiel. Die Mutter zog die Weinende auf

den Schoß, wischte ihr den von Erdbeersaft verschmierten Mund ab und schalt sie liebevoll: »Was bist du nur für ein Stolperjulchen.«

Die Gräfin schwieg abrupt. In ihre konfusen Erinnerungen an Selbsterlebtes und Erzähltes mischte sich ein Stimmchen, das zirpte: »Fällt 'ne Bombe ins Klosett, wer zieht an der Wasserkett'? Der Luftschutz.« Dann wechselten die Bilder blitzschnell. Eben hatte sie in Gedanken noch auf der kleinen Bank unter der Silberpappel mit einer Puppe auf dem Schoß gesessen, plötzlich sah sie sich an der Hand einer Frau mit einer Tüte Erdbeeren eine Kellertreppe herunterstolpern. Und eine barsche Stimme sagte: »Pass doch auf, du Stolperjulchen.«

Ihre Gastgeber sahen sie besorgt an. »Wollen Sie sich ein wenig hinlegen?«

Julia versuchte vergeblich, ihre Gedanken zu ordnen. Was war denn bloß mit ihr los? Wahrscheinlich war alles doch ein bisschen viel gewesen. Sie verabschiedete sich verlegen und zog sich zurück. Doch nach einem zweistündigen Schlaf war sie wieder ganz obenauf. Die Fürsorge des Ehepaares hatte sie gerührt, und sie verabschiedete sich am nächsten Tag mit dem festen Versprechen, wiederzukommen.

Während sie die Kastanienallee entlangfuhr, kam ihr die Idee, die kleine Julia zu adoptieren.

Dann wären Schloss und Name wieder eins. Das wäre sicher ganz im Sinne ihrer Eltern. Vergnügt summte sie die Melodie des Spottverses über den Luftschutz vor sich hin. Sie schüttelte über sich selbst den Kopf. Woher hatte sie nur diesen albernen Vers? Wahrscheinlich, wie allen Schwachsinn, aus dem Fernsehen. Und plötzlich, zu ihrer eigenen Überraschung, brach sie in Tränen aus.

Paraden

Ich, Bernhard Friedrich Alfred, genannt Butz, war Mamas Liebling, denn endlich konnte wieder »in großer Freude« die Geburt eines Sohnes bekanntgegeben werden. Bei Mamachens Onkel Friedrich nämlich hatte schon ein gewisses Stirnrunzeln erzeugt, dass bislang auf meinen Bruder nur meine beiden Schwestern gefolgt waren. Mit mir aber war Mama wieder ein braves Mädchen geworden. Deshalb entdeckte sie auch gleich lauter Ähnlichkeiten mit ihrem geliebten Vater, Großonkel Friedrichs Bruder, einem ebenso geachteten wie gefürchteten General, einem blendenden Reiter und treffsicheren Schützen, der jedoch dummerweise nicht den Heldentod auf dem Schlachtfeld gefunden hatte, sondern an einem vereiterten Backenzahn gestorben war. Seine einzige Tochter sang unermüdlich sein Loblied, und das nicht nur vor meinem gutmütigen Vater, der sie in seinen Briefen stets mit »meine über alles geliebte Marion« anredete, sondern auch in der weiteren Verwandtschaft, die sich, wenn es ihr zu viel

wurde, gelegentlich mokant zuflüsterte: »Aber eben doch Etagenadel.«

Widersprüchlich wie die meisten Mütter, sah Mama in mir gern den strammen Jungen, der keine Memme ist und sich mutig jeder Herausforderung stellt, steckte mich andererseits aber nicht gleich in die obligaten Matrosenanzüge, sondern in Samt mit weißem Kragen, und zögerte das Abschneiden meiner Locken Monat für Monat hinaus. Verzweifelt griff ich schließlich selbst zur Schere, weil ich die ständige Hänselei meiner Schwestern satt hatte. Mein älterer Bruder dagegen ermahnte mich nur milde: »Lass die Puppe im Puppenwagen und nimm den Daumen aus dem Mund, Kleiner, sonst schmieren sie ihn dir mit Senf ein.« Weniger milde allerdings bereitete er mich nach Bruderart mit kräftigen Knüffen auf die Härten des Lebens vor und benutzte mich mit Vorliebe als Versuchskaninchen – »Los, Butz, steck da mal den Finger rein.« – »Seht ihr? Ich hab's euch gleich gesagt, da sind Wespen drin.« Während ich mich noch vergeblich gegen meine Schwestern durchzusetzen versuchte, was meist mit viel Geschrei im Kinderzimmer endete, war er längst in uns noch verschlossene Regionen entrückt. Er begleitete meinen Vater auf seinem morgendlichen Inspektionsritt über die Felder, ging mit ihm auf

die Jagd und gab sein fachmännisches Urteil beim Pferdekauf ab.

Ich beneidete ihn sehr und trottete maulend hinter Mama her, die mich in bester, aber völlig fehlgeleiteter Absicht zum Trost beim Wollewickeln die Wolle halten, Nadeln für sie einfädeln oder Blümchen in Vasen stecken ließ, wobei sie meistens nicht versäumte, über ihren Vater zu sprechen, sodass auch mir der Großvater allmählich ebenso zum Hals heraushing wie anscheinend meinem Vater, denn wenn das Thema darauf kam, verließ er nach kurzer Zeit unter einem Vorwand das Zimmer.

Als ich in die Schule kam, ließ sie mich jedoch verständnisvoll meine eigenen Wege gehen, wozu natürlich auch zu sagen wäre, dass es im Schloss eine Menge gab, worum sie sich kümmern musste. Mama konnte fabelhaft organisieren und leistete »Generalstabsarbeit«, wie Vater jedes Mal lobend erwähnte, wenn Festlichkeiten und Jagden tadellos geklappt hatten. Natürlich gab es viel Personal, aber damit alle ihre Talente entfalten konnten, brauchte es schon jemanden, der das Ganze im Auge hatte, sonst bestand leicht die Gefahr, dass sie wie führungslose Schlittenhunde übereinander herfielen. Gelegentlich bekam Mama einen Rappel und stellte in den Zimmern alles

auf den Kopf. Aber da es viele Räumlichkeiten gab, erlahmte ihre Energie sehr schnell, und die vom vielen Schieben, Rücken und Tragen erschöpften Angestellten konnten sich wieder ihren normalen Tätigkeiten widmen, froh darüber, dass sie die Gräfin wie gewohnt mit einem »Den Rest machen wir später« entlassen hatte.

Ich hatte eine glückliche Kindheit, bis mich das Schicksal am Kragen packte und auf eine andere Lebensschiene setzte. Ich hatte keine launische Mademoiselle, keinen mich piesackenden Hauslehrer, und die Erziehung meiner Nanna bestand darin, mir jeden Willen zu lassen. Wie meine Geschwister besuchte ich die Dorfschule, und meine Freunde waren die Kinder vom Hof, von denen ich eine Menge lernte. »Sag mal, Rudi«, fragte ich meinen Freund und betrachtete mir staunend die nackten Hintern seiner beiden schnullerbewehrten Schwestern, die er im Handwagen hinter sich herzog, »warum haben die denn keine Hosen an?«

»Weil es Pissnelken sind«, erklärte Rudi lakonisch. Und tatsächlich tröpfelte es sachte zwischen den Brettern auf die Erde.

Ich fand das ungeheuer praktisch, meine Nanna weniger. »Komm mir bloß nicht auf solche Ideen«, warnte sie mich.

Mein Freund Rudi hatte oft zum Spielen keine Zeit. Er musste schon ordentlich ran. Zu Haus war immer etwas zu tun, Entengrütze holen, Holz hacken oder auf die kranke Oma aufpassen, damit sie nicht aus dem Bett fiel. Aber ich wusste genug mit mir allein anzufangen. Das Schloss bot als Spielplatz alles, was das Herz eines Kindes begehrt, vom Dachboden bis zum Keller, und beflügelte meine Phantasie, die allerdings gelegentlich seltsame Blüten trieb, sodass meine Geschwister sich an die Stirn tippten. »Nun hört euch das an: In der Plättstube hat die Schneekönigin die Eisblumen vom Fenster geleckt, die Kröte im Keller hat sich in den Dienerjungen verwandelt, der Kobold unter der Treppe ihn ins Bein gezwickt. Du bist doch plemplem.«

Die Erwachsenen dagegen nahmen solche Spinnereien mit Gleichmut hin: »So etwas gehört zur Entwicklung. Das sollte man nicht so ernst nehmen.«

Aber nicht nur, dass es im Schloss nur so von Zwergen, Kobolden und anderen Merkwürdigkeiten für mich wimmelte. Es gab da noch die Baumkinder im Park, lilliputanerhafte Wesen, die sich auf Buchen und Eichen versteckten und mir gute Ratschläge gaben und mich trösteten, wenn ich mich unverstanden fühlte oder ein Be-

such bei Großonkel Friedrich bevorstand, worauf meine sonst so nachsichtige Mutter unerbittlich bestand.

Der Bruder meines Großvaters hatte es zwar nur bis zum Oberst gebracht, war aber der Besitzer eines recht ansehnlichen Gutes. Er war ein eingefleischter, knurriger Junggeselle, der mit einem klapprigen Diener und einer verhuschten Haushälterin ganz allein in seinem Schloss hauste und deshalb von Müttern der Familie, deren Söhne kaum etwas an Erbe erwarten konnten, sehr hofiert wurde, wenn auch in dezenter Weise, denn der Onkel war das Misstrauen in Person und reagierte gerade auf liebevolle Fürsorge besonders ruppig. »Schon wieder Quittenmarmelade? Ich habe ja die vom letzten Jahr noch nicht mal aufgegessen.« – »Lietzeneier? Der Förster hat mir gerade erst gestern zwanzig gebracht.« – »Bitte nicht wieder Gravensteiner! Die sind schon nach ein paar Tagen mulsch und nicht mal für die Schweine tauglich.«

Ja, es war nicht leicht, ihm eine Freude zu machen, und schon gar nicht damit, ihm zur Unterhaltung einen ihrer Söhne vorbeizuschicken. Mädchen kamen für ihn sowieso nicht in Frage. Sie rangierten noch hinter dem, was er als Gelumpe bezeichnete, Zigeuner und Landstreicher nämlich, die sich trotz dieser verächtlichen Be-

wertung im Herbst in Scharen auf dem Hof einfanden, stand doch stets ein großer Kessel Suppe für sie auf dem Herd bereit und ein leerer Stall, in dem sie schlafen durften.

Aber auch wir Jungen fanden nur selten vor seinen kritischen Augen Gnade. Mit Genuss mäkelte er an uns herum, nannte uns Schlappschwänze, Dämelacks und Hosenscheißer. Nur ich war eine Ausnahme, zumindest war Mama fest davon überzeugt. Mich mochte der Onkel angeblich richtig. Hatte er mir nicht neulich sogar eine ganze, wenn auch reichlich muffig schmeckende Tafel Schokolade geschenkt, hatte er nicht wohlwollend vor sich hingeknurrt: »Redet wenigstens nicht so viel, der Junge«, und das, obwohl ich nun wirklich nicht gerade ein großer Schweiger war? Aber in der Gegenwart dieses Onkels ging es mir wie seinem Kanarienvogel, dessen Käfig im Esszimmer stand und der sofort mit Singen aufhörte, wenn mein Onkel den Raum betrat.

Natürlich kam diesmal Mamas Ansinnen, mich wieder einmal für einen Tag bei ihm abzuliefern, im ungünstigsten Moment. Mein Freund Rudi und ich hatten festgestellt, dass mit unseren Flitzbogen nicht mehr viel los war, und wir hatten beschlossen, uns neue zu schnitzen. Ich maulte, und Mama versuchte es zunächst mit

dem üblichen mütterlichen Gesäusel: »Sei lieb, Herzchen, und tu mir doch den Gefallen.« Als ich nicht darauf reagierte, wurde die Tonlage etwas härter. »Stell dich nicht an«, sagte sie. »Er gehört nun mal zur Familie, und wir müssen uns um ihn kümmern.«

»Warum immer ich?«, protestierte ich mürrisch.

»Weil du sein Liebling bist«, sagte sie bestimmt. »Und, sei doch ehrlich: du magst ihn doch auch ganz gern.«

Geschmeichelt durch diese mir in der Familie zuteil gewordene Vorrangstellung, rang ich mir ein »Es geht« ab. Mein Verhältnis zu diesem Großonkel war nämlich sehr gespalten. Einerseits fühlte ich mich in der Gegenwart dieses rübezahlähnlichen Menschen mit der großen, vom Schnupftabak geröteten Nase und der langen Narbe auf der Stirn recht beklommen, andererseits war seine Zinnsoldatensammlung wirklich phänomenal, und es machte großen Spaß, gemeinsam mit ihm die Schlacht bei Leuthen nachzuspielen, wobei der pensionierte Oberst richtig in Fahrt kam und mit seinen farbigen Schilderungen meine Phantasie in Schwung brachte. Zu meiner Verwunderung stellte ich fest, dass meine sonst so selbstbewusste Mama sich in seiner Gegenwart auch so zu fühlen

schien wie ich. Jedenfalls hatte sie es immer äußerst eilig, wieder wegzukommen und mich für die nächsten Stunden meinem Schicksal zu überlassen, während ich mir nichts sehnlicher wünschte, als endlich, endlich wieder das Geräusch des heranrollenden Wagens zu hören, der mich abholen sollte, und das laute »Brrr«, mit dem Kutscher Fritz die Pferde zum Stehen brachte. Indessen ließ ich wie jedes Mal stoisch des Onkels Mahnungen über mich ergehen, mit dem Toilettenpapier sparsam zu sein und keine Zuckerberge im Milchkaffee zu errichten, wobei er nie versäumte, auf die Kostbarkeit dieses Nahrungsmittels hinzuweisen, weshalb alte Zuckerdosen noch verschließbar gewesen seien.

Diesmal stand ein Waldspaziergang auf dem Programm. Es fiel mir schwer, neben dem mit Riesenschritten, den Spazierstock schwingend, quer durch den Wald marschierenden Onkel herzuhüpfen und mich, ständig in irgendwelche Gebüsche verheddert, auch noch, wie erwartet, auf die Vogelwelt zu konzentrieren. Das Resultat dieser Prüfung war deshalb auch recht mäßig. Ich verwechselte einen Pirol mit einem Eichelhäher und den Zaunkönig mit einem Neuntöter, was der Onkel missbilligend zur Kenntnis nahm. Er blieb stehen und meinte kopfschüttelnd:

»Junge, du als Landkind wirst doch wohl noch den Schrei eines Habichts von dem eines Bussards unterscheiden können.«

»Jawohl, Onkel Friedrich«, sagte ich bedripst.

Der Onkel lächelte milde. »Immerhin verstehst du dafür schon einiges von der Landwirtschaft und verwechselst nicht Sommergerste mit Roggen. Na, dann lass uns mal wieder nach Hause gehen.«

An diesem Tag fand ich den Onkel richtig nett. Im Gegensatz zu meiner Familie hatte er sofort den Affront begriffen, der mir von meiner Kusine, der doofen Ines, angetan worden war. Sie hatte vor einer Woche behauptet, ich hätte mich geweigert, mit ihr zum Schwimmen zu gehen, das Wasser sei mir zu kalt, was natürlich allgemeines Gelächter hervorrief. »Wir haben achtundzwanzig Grad im Schatten«, hatte Vater milde gesagt, war dann aber nicht weiter auf diesen Fall eingegangen.

Der Onkel schmunzelte. »Was war denn nun der wirkliche Grund?«

»Ich konnte meine neue Badehose nicht finden, und die alte hatte Mami bereits ausrangiert.«

»Vielleicht wär's ja auch mal ganz ohne gegangen«, meinte der Onkel.

Aber da schüttelte ich empört den Kopf.

»Wenn wir Jungen allein sind, ja, aber nicht, wenn die Kusinen dabei sind.«

»Weiber«, sagte der Onkel mitfühlend, »nichts wie Stroh im Kopf. Musst dich nicht ärgern.«

Ich war gerührt über so viel Verständnis und fand, ich müsse mich revanchieren. »Erzähl mir wieder ein bisschen vom Kadettencorps«, bat ich, so als sei das mein größter Wunsch. Das tat der Onkel nur zu gern. Es musste anscheinend die schönste Zeit seines Lebens gewesen sein und in seinen Erinnerungen strahlender als jeder Weihnachtsstern, wobei es merkwürdigerweise gerade die unangenehmen Dinge waren, an die er sich voller Rührung und Stolz erinnerte, wie den Verschiss, in den man kam, wenn man jemanden verpetzt hatte, oder die Nippesprobe, eine äußerst beliebte Strafe, die einem der Stubenälteste gern wegen ungebührlichen Benehmens aufbrummte. Der Onkel bekam ein erinnerungsseliges Gesicht. »Du musst dir das so vorstellen: ›Knie beugt!‹, kommandierte der Stubenälteste, und dann bekam man einen großen geöffneten Zirkel zwischen Ferse und Po gespannt. Dann hieß es: ›Arme streckt!‹, und ein mit Ziegelsteinen beschwertes Brett wurde einem auf die Hände gelegt und darauf die Nippessammlung, alles ziemlich zerbrechliches Zeug, gestellt. Na, du kannst dir denken, wie einem die

Hände nach kurzer Zeit gezittert haben. Und immer die Angst, gleich geht alles zu Bruch, tiefer in die Knie konnte man ja nicht gehen, dann piekte der Zirkel.«

Ich war beeindruckt. »Macht man so was auch bei Mädchen im Internat?«

Der Onkel lachte. »Du bist mir ja einer. Aber ich hoffe nicht. So was ist nur für Männer.«

Gemeinsam betrachteten wir uns dann in einem Buch die verschiedenen Uniformen der Kadetten, den Waffenrock mit rotem Kragen, gelber Lietze und den blinkenden Knöpfen. Aber am besten gefiel mir, dass selbst der Jüngste unter den Kadetten nicht mehr wie ein dummer Junge behandelt, sondern von seinen Vorgesetzten gesiezt wurde. »Außerdem«, sagte Onkel Friedrich, »wirst du als Kadett schneller zum Offizier befördert als jeder andere.«

Meine Phantasie arbeitete auf Hochtouren. Ich sah mich bereits als General, den jüngsten Seiner Majestät.

»Doch das Kostbarste, was du im Kadettencorps findest, sind die Freunde.« Er schneuzte sich gerührt die Nase. »Das allein ist schon so manche Schinderei wert. Und natürlich auch der Dienst fürs Vaterland. Du solltest dir das ernsthaft überlegen. Du hast entschieden das Zeug dazu, ein guter Kadett zu werden. Für mich wäre

es die größte Freude, meinen Großneffen in Uniform zu sehen. Und bestimmt wäre es das auch für deinen Großvater, wenn er das noch erleben könnte.«

Diesmal kehrte ich sehr viel vergnügter als sonst zurück und kramte voller Stolz etwas aus meinem Beutel, was allgemeines Staunen hervorrief. Es war ein goldenes Zigarettenetui mit eingraviertem Wappen. Mama, die bereit war, die kleinste Geste dieses Rübezahls wie ein Huhn das Ei zu begackern, nahm es ehrfurchtsvoll in die Hand, verzog aber ein wenig den Mund, als es sich lediglich als vergoldet erwies. »Und das gehört dir, wenn du siebzehn bist?«

Ich nickte stolz. »Er sagt, ich soll Kadett werden. Da wird man ruckzuck General, wie Großpapa.«

»Du doch höchstens beim Tross«, sagte die doofe Ines und hüpfte singend davon.

Mein Bruder lachte. »Recht hat sie. Du Zwerg hast mal wieder die Weisheit mit Löffeln gefressen.«

»Hab ich auch«, sagte ich trotzig. »Ihr werdet schon sehen. Im Kadettencorps wird man sogar gesiezt.«

Danach berichtete ich, um ihm eins auszuwischen, dass mich der Onkel wegen meiner landwirtschaftlichen Kenntnisse über den grü-

nen Klee gelobt habe. Meine Eltern sahen sich an. »Onkel Friedrich war also nett zu dir«, sagte der Vater.

»Und ob«, sagte ich.

»Siehst du«, sagte Mama triumphierend, »ich hab es gewusst.«

»Aber der Preis ist recht hoch«, sagte der Vater. »Mir hat schon die Ritterakademie gereicht. Und sieben Jahre Kadettencorps für unseren armen Butz? Darüber sollten wir noch mal in Ruhe nachdenken.«

Schon am nächsten Tag jedoch war meine Begeisterung für diesen Karriereplan verflogen. Mir, dem zukünftigen General, wurde bei dem Gedanken, mich von all dem hier zu trennen, angst und bange. Doch das Rad war ins Rollen gekommen und anscheinend nicht mehr aufzuhalten. Noch mehr als sonst war jetzt von meinem Großvater die Rede, mehrfach von Seiner Majestät ausgezeichnet und ein Held schlechthin. Dazu schenkte mir meine Mutter plötzlich Bücher, in denen es von Schlachten, Fahnenparaden, Pferden und Feldherrnhügeln nur so wimmelte. An erster Stelle stand natürlich der Krieg von 1866, in dem die Preußen mal wieder zeigten, was in ihnen steckte.

Die Eltern besuchten nun häufiger als sonst den Großonkel, und hinterher gab es lange Ge-

spräche, bei denen ich aus dem Zimmer geschickt wurde. Mir selbst war die ganze Angelegenheit mit der Kadettenanstalt längst wieder aus dem Gedächtnis verschwunden, als mich Onkel Friedrich mit der Nachricht überrumpelte, er habe die Freude, mir mitzuteilen, dass ich im nächsten Jahr ins Kadettencorps komme. Und als mir vor Schreck der Mund offenstand, sagte er tröstend: »Glaube mir, es ist genau das Richtige für dich. Schließlich sollst du mal mein Erbe werden.«

Auf dem Rückweg fing ich an, bitterlich zu weinen. »Ich will da nicht hin«, jammerte ich, »und was heißt Erbe überhaupt?«

Mama zog mich tröstend an sich. »Dir wird einmal das Gut hier gehören, wenn der Onkel gestorben ist.«

»Was soll ich denn damit?«, schluchzte ich. »Ich hätte viel lieber ein Tesching.«

Das bekam ich zwar nicht, aber dafür vom Onkel ein Luftgewehr, und ich verbrachte einen sehr angenehmen Nachmittag bei ihm mit Wettschießen auf eine am Scheunentor befestigte Schießscheibe, bei dem ich als Sieger hervorging. Ich wusste wirklich nicht, was ich von all dem halten sollte. Einerseits fühlte ich mich wie der kleine Lord, andererseits wie mein Pony, das man bei aufziehendem Gewitter mit Gewalt aus dem Stall zerren musste.

Doch mein Leben ging zunächst weiter wie bisher, und ich blieb eingebettet wie ein Indianer in seine Stammesbräuche, wozu gehörte, den Siegelring nur links zu tragen, beim Vorstellen innerhalb des Stammes den Adelstitel wegzulassen, keine Zuckerzange zu benutzen, erst mit dem Essen zu beginnen, wenn die Hausfrau das Zeichen gab, Kartoffeln nicht mit dem Messer zu schneiden, beim Tee- oder Kaffeetrinken nicht den kleinen Finger abzuspreizen, aufzustehen, wenn ein Erwachsener das Zimmer betrat, sich nicht mit Schwächeren zu prügeln und immer an den Spruch zu denken: Erst das Pferd und dann der Reiter. Auch den Sommer darauf konnte ich noch genießen, vor allem meinen zehnten Geburtstag mit Würstchenschnappen, Wettrennen und Pfänderspielen.

Dann schlug für mich endgültig die Stunde, Mama brachte mich ins Kadettencorps. Zum ersten Mal in meinem Leben fuhr ich mit der Eisenbahn, aber die freudige Erregung darüber wich, je länger wir unterwegs waren, einer immer stärkeren Beklommenheit. Nicht einmal das Abenteuer einer Übernachtung im Hotel konnte mich fröhlicher stimmen. Ergeben trottete ich neben Mama durch die Straßen der Kleinstadt zur Kadettenanstalt, und es tröstete mich wenig, dass andere Mütter mit ihren Söh-

nen das gleiche Ziel zu haben schienen. Das große Gebäude, auf das wir zumarschierten, wirkte nicht gerade einladend. Ein Offizier empfing uns und begrüßte Mama mit einem Handkuss.

»Nicht wahr, Sie passen doch gut auf ihn auf«, sagte sie in jenem halb kindlichen, halb fordernden Ton, wie es ihre Art war. »Und bitte achten Sie darauf, dass er nicht in nassen Strümpfen herumläuft. Er erkältet sich schnell.«

»Ihr Wunsch ist mir Befehl«, sagte mein zukünftiger Vorgesetzter mit amüsiertem Lächeln. »Frau Gräfin müssen sich keine Sorgen machen.« Er rief einen Kadetten in meinem Alter herbei, der sich ebenfalls tadellos verbeugte und geschwollen sagte: »Gestatten, Frau Gräfin, dass ich mich vorstelle, ich bin der Bärenführer von Ihrem Sohn.« Dann musterte er mich von oben bis unten und sagte halblaut in geringschätzigem Ton: »Ach du liebe Güte«, und, zu meiner Mutter gewandt: »Dürfen wir uns verabschieden, der Dienst ruft.«

Meine militärfromme Mutter presste mich an sich. »Ach, Junge«, sagte sie mit erstickter Stimme. Ich glaube, zum ersten Mal ging ihr auf, dass es doch ein gewaltiger Unterschied war, ob man als einzige Tochter im Dunstkreis eines hohen Generals aufwuchs oder einem die Be-

geisterung für das Soldatenleben in einer Kadettenanstalt eingeimpft wurde, und ihr einziger Trost war wohl die Aussicht auf Onkel Friedrichs Latifundie, die ihren geliebten Butz später den Nachbarn gleichstellte.

Meine Generalskarriere begann mit einer Untersuchung beim Stabsarzt, vor dem sich alle Neulinge nackt in strammer Haltung aufbauen mussten, was ich sehr genierlich fand, während die Bärenführer untereinander nicht mit spöttischen Bemerkungen sparten. »Kuck mal, mein Baby hat noch Unterhemdchen an, und meins reitet sicher noch auf einem Steckenpferd und pinkelt ins Bett.«

»Ruhe!«, schrie der dreizehnjährige Unteroffizier vom Dienst. »Wir sind hier nicht im Kindergarten!«

Kaum hatte ich mich angezogen, wurde ich von meinem Bärenführer schon mit einem leichten Schubs aufgefordert: »Los, los, zum Einkleiden!« Dass die Uniform alles andere als nagelneu war, störte mich nicht. Ich war gewohnt, die Kleider meines Bruders und meiner Vettern zu erben.

Das Zimmer, in das mich mein Bärenführer anschließend brachte, war der Aufenthaltsraum für acht Kadetten und so spartanisch eingerichtet, dass die Kate meines Freundes Rudi dagegen

ein Hort der Gemütlichkeit war: die Fenster ohne Vorhänge, an den weißgetünchten Wänden braungestrichene, schmale Schränke, ein kleiner Ofen, drei Tische, zwei Lampen, das war's. Und als einziger Luxus ein Kaiserbild und ein Spucknapf. Mein Bärenführer zeigte mir mein Spind: »Oberstes Fach Nippes, zweites Fach Wäsche, drittes Fach Drillichzeug, viertes Fach Putz- und Nähzeug«, schnarrte er.

Die Tür öffnete sich, der Stubenälteste sprang auf, machte Meldung. Der eingetretene Offizier sah mich an. »Sind Sie der neue Sack?« Das erste »Sie« meines Lebens. Aber ich hatte kaum Zeit, mich daran zu freuen. Nach meinem fröhlichen: »Bin ich«, bekam ich schon den ersten Anpfiff. »Das heißt: ›Jawohl, Herr Leutnant!‹, merken Sie sich das gefälligst!« Der Offizier verließ das Zimmer. Die über ihre Schularbeiten gebeugten Kadetten feixten, und einer piepste: »Das bin ich, das bin ich!«

»Ruhe!«, rief der Stubenälteste. »Während der Arbeitsstunde haltet gefälligst die Klappe!«

Ich ließ meine Augen durch das Zimmer wandern. Mir war kalt, und ich hatte dasselbe Gefühl wie vor einigen Jahren, als mich mein Bruder im Dunkeln auf dem Hochsitz vergessen hatte. Doch mein Bärenführer hielt mich in Trab und gab mir keine Zeit, in Schwermut zu versinken.

Er zeigte mir, wie man die Knöpfe der Uniform mit Hilfe einer Knopfgabel in drei Minuten zum Glänzen bringt, wobei er, wie ich fand, sich selbst nicht sehr geschickt anstellte, und die Kommissstiefel teert und wienert. »Und das viermal täglich, verstanden?«

»Jawohl«, sagte ich, eingeschüchtert von seinem schneidigen Ton, nicht ahnend, dass mir diese Knöpfe den ersten Ärger bei dem üblichen Rapport einbringen würden. Als nämlich der Stubenälteste ihre Festigkeit prüfte und an ihnen zog, fielen sie wie überreife Himbeeren zu Boden. »Wer hat dem Sack die Knöpfe angeschnitten?«, brüllte er.

Ein Kadett meldete sich. »Ich.« Und schon wurde uns beiden erneut ein Rapport aufgebrummt.

Doch noch war der erste Tag nicht zu Ende, und es kam mir wie eine Ewigkeit vor, bis wir endlich in den Schlafsaal marschieren konnten, einen riesigen, kahlen Raum, in dem sogar die in zwei Reihen aufgestellten Betten strammzustehen schienen. In der Ecke des Saals gab es einen kleinen Verschlag für den Offizier vom Dienst. Mein Bärenführer zeigte mir, wie ich meine Kleidung auf meinem Schemel zu ordnen hatte, und dann schlüpfte ich in ein schmales, hartes, kaltes Bett, in dem es nicht mal ein Kopfkissen,

sondern nur einen Matratzenkeil gab. Tapfer versuchte ich, mein Schluchzen zu unterdrücken, und kramte dann vorsichtig meinen Trostbringer, einen eingeschmuggelten handgroßen Teddybären, unter meinen Sachen hervor. Trotzdem konnte ich nicht einschlafen, denn ich musste dringend aufs Klo, was, wie ich gehört hatte, fast als Sakrileg galt und wozu man die Erlaubnis des diensttuenden Offiziers brauchte. Unvorstellbar, im Halbdunkel durch die Bettenreihen zu stolpern und dabei nicht nur ihn, sondern womöglich auch andere Kadetten zu wecken. Schließlich hielt ich es nicht mehr aus. Glücklicherweise zeigte der Offizier, vor dem ich nun schluchzend stand, Verständnis, sodass ich, erleichtert und getröstet, unbemerkt wieder ins Bett zurückkriechen konnte.

Ich hatte das Gefühl, gerade erst eingeschlafen zu sein, als ich von schrillem Klingeln und dem Gebrüll: »Aufstehen! Aufstehen!« geweckt wurde. Benommen taumelte ich aus dem Bett. Gefreite und Unteroffiziere drängten auf Tempo: »Los, los!« Und schon wetzte alles zu den Waschtischen im Nebenraum, deren Schüsseln mit eiskaltem Wasser gefüllt waren. Fröstelnd tunkte ich eine Fingerspitze hinein, und das wurde mir zum Verhängnis. Kräftige Hände packten mich und steckten meinen Kopf tief ins Wasser. Als

ich mich vor Kälte zitternd abtrocknete, hielt mir jemand meinen Teddy unter die Nase: »Ist das etwa deiner?« Ich schüttelte den Kopf. Mein Herz klopfte wie wild bei diesem Verrat. Die Kadetten wirbelten meinen armen Seelentröster lachend durch die Luft, tauchten ihn ins Wasser und benutzten ihn als Wurfgeschoss, bis der Leutnant erschien. Sofort trat Ruhe ein. Der Offizier nahm den arg zerrupften Teddy in Empfang und warf mir einen kurzen Blick zu. »Hat sich wohl verlaufen«, sagte er schmunzelnd und dann, in scharfem Ton: »Unteroffizier, diesen Krach hier verbitte ich mir! Sorgen Sie dafür, dass das nicht wieder vorkommt!«

»Jawohl, Herr Leutnant!«, rief der Unteroffizier in strammer Haltung.

Bislang hatte ich in meinem arglosen Kinderglauben angenommen, dass die Welt überall so aussah wie zu Hause. Menschen wohnten in Schlössern oder auch wie Rudi in Katen, besaßen Pferde und Kühe, Karnickel und Ziegen, und wofür Pferd und Wagen mehr als zwei Stunden brauchten, war weit weg. Die einzige Stadt, die ich kannte, war die Kreisstadt, und sie bedeutete für mich Konditorei und neue Schuhe. Die Welt, in die man mich nun katapultiert hatte, war fremdartig und gruselig zugleich. Sie erinnerte mich an das Märchen von einem, der auszog, das

Fürchten zu lernen. Nur bei mir hatte schon die erste Lektion genügt, und wenn nicht die Angst vor der Blamage stärker gewesen wäre als die Verzweiflung, hätte ich wahrscheinlich das Handtuch geworfen.

Das Pensum, das man mir abverlangte, war umfangreich. Ich lernte, dass auch für die Jungen untereinander die Rangordnung heilig war und dass ich als Sack an letzter Stelle stand. Unter mir gab es nur noch einen einzigen Kadetten. Er hatte gestohlen und wurde gesondert zum Essen und zum Dienst geführt. Ich lernte, dass die Obertertianer im Range eines Unteroffiziers und Gefreiten bereits Strafgewalt besaßen und uns so viel herumhetzen konnten, wie sie wollten, von der Meldung bis zum Rapport. Auch waren sie die Einzigen, die nicht die Unterschrift der empfangenen Briefe vorweisen mussten. Ich lernte das ganze Repertoire des Exerzierens, vom »Gleichschritt!«, »Stillgestanden!«, »Rührt euch!«, »Augen geradeaus!« bis zur Ehrenbezeugung. Von den schweren Kommissstiefeln bekam ich Muskelkater in den Waden und Blasen an den Füßen. Ich lernte, beim Eintritt eines Offiziers vom Stuhl hochzuspritzen und Meldung zu machen. Ich lernte, im Stechschritt am Kompaniechef vorbeizumarschieren, denn Seine Majestät hatte an seinem Geburtstag die Parade

der Kadetten besonders gelobt, und man konnte nicht früh genug mit dem Üben anfangen, auch wenn es mindestens noch vier bis fünf Jahre dauerte, bis einem schließlich im Hauptcorps diese Ehre zuteil wurde. Für Tagträume gab es kaum Gelegenheit, höchstens im Unterricht, der längst nicht die Rolle spielte wie der militärische Drill. Ständig hatte ich das Gefühl, von einer Meute bellender Hunde umkreist zu sein, denn die Stimmen meiner nur wenig älteren und zum Teil noch im Stimmbruch befindlichen Vorgesetzten überschlugen sich bei den gebrüllten Kommandos, deren Lautstärke zu Hause nicht geduldet worden wäre. Dort wurde man ständig ermahnt: »Kind, schrei gefälligst nicht so!« Herumtrampeln im Schloss war ebenso verpönt wie allzu lautes Getobe. Das galt selbstverständlich auch für die Ställe, um Pferde und Kühe nicht nervös zu machen. Die Natur bot schließlich genug Platz, um den Bedürfnissen eines Kindes gerecht zu werden, zu spielen, zu träumen und zu singen. Doch hier fühlte ich mich wie in einer von der Koppel getriebenen Jungviehherde, um mich herum ein ewiges Gedrängel, Gestoße und Getobe, begleitet von den anfeuernden Rufen: »Los, los, los!« Und wenn ich abends schließlich erschöpft im Bett lag, kam es mir vor, als hätte ich den ganzen Tag neben

einer Kreissäge gestanden, und es fiel mir nicht leicht, meine imaginären Spielgefährten wieder hervorzurufen. Glücklicherweise hatten mir einerseits meine älteren Geschwister manche Zimperlichkeit abgewöhnt und hatte ich andererseits eine gewisse Fähigkeit entwickelt, ihren Beschützerinstinkt zu wecken, was mir bei den älteren Kadetten zugute kam. Und so ließ man mir auch hier manches durchgehen, was man vielleicht bei anderen nicht geduldet hätte. Auch besaß ich ein Talent, Vorgesetzte zu imitieren, was sie zum Lachen brachte. Und so bekam ich nur einen leichten Rüffel, wenn ich über die Stränge schlug. »Reiß dich zusammen, Sack, sonst ist bald eine Nippesprobe fällig!«

Es gelang mir, viele Klippen zu umschiffen, und ich ließ mich in nichts mir Unangenehmes hineinziehen. Standhaft weigerte ich mich, bei Klassenkeilen mitzumachen. Zu deutlich hatte ich noch die Mahnung meines Vaters im Ohr: »Mit Schwächeren prügelt man sich nicht.« Und in solchen Fällen war nun mal immer der Kadett der Unterlegene, den man angeblich wegen irgend etwas Ehrenrührigem dazu verdonnert hatte. Natürlich konnte der Unteroffizier das nicht dulden. »Befehlsverweigerung, unerhört!« Doch die Strafe fiel milde aus. Ausgangsverbot am Wochenende war das Übliche. Andererseits

bekam ich von dem Erzieher ein indirektes Lob, indem er halblaut im Vorübergehen sagte: »Bravo, ein Kadett mit Zivilcourage. Aber nochmal Glück gehabt. Sie hätten Ihnen ganz schön was aufbrummen können.«

Obwohl ich anfing, an dem streng geregelten Tagesablauf, in dem jede Minute genau geplant war, hin und wieder Gefallen zu finden, fragte ich mich gleichzeitig nach dem Sinn und Nutzen des Ganzen. Warum konnte man nie mal ein Plätzchen für sich allein haben, genüsslich ein Drops lutschen, warum nie die Möglichkeit, mal alle Viere von sich zu strecken und sich an den Sonntagen länger als sonst im Bett zu aalen. Ich dachte an meinen armen Teddy, und mein Daumen wanderte in den Mund.

Der erste Ausgang in des Königs Rock wurde eine Enttäuschung. Kaum jemand würdigte mich eines Blickes, nur ein schlacksiger Bengel grinste mich an, hielt mir etwas unter die Nase und fragte: »Na, Kleiner, wilst'n Drops?« Tief gedemütigt betrat ich das Ziel aller Kadetten: die Konditorei.

Kurz vor den Herbstferien verkündete der Bärenführer dem Unteroffizier, dass ich ihn nun nicht mehr nötig hätte. Danach musste ich noch die übliche schmerzhafte und wasserreiche Taufe überstehen, die mich angeblich erst zu einem

richtigen Kadetten machte, und wurde zum Zahnarzt bestellt, der uns Neulingen kurzerhand sämtliche noch vorhandenen Milchzähne zog.

Ein paar Tage vor der Abreise bekam ich den Befehl, mich bei meinem Erzieher zu melden. »Au weia«, sagte der Stubenälteste und grinste. »Na, ich drück dir die Daumen.«

»Nehmen Sie Platz«, sagte der Offizier.

»Jawohl, Herr Leutnant«, sagte ich beklommen.

Der Leutnant holte etwas aus seinem Schreibtisch. Es war mein Teddy, den er mir lächelnd überreichte, und ich muss sagen, das Plüschtier hatte die Strapazen gut überstanden. Ich wurde rot. Der Leutnant brachte mich zur Tür und legte seine Hand leicht auf meine Schulter. »Kadett, Sie packen das schon«, sagte er, und damit war ich entlassen.

Vorfreude ist die beste Freude. Schon Wochen vor den Ferien hatte ich mir meinen Empfang zu Hause ausgemalt, großer Bahnhof war das Mindeste. Aber wie immer waren die Erwartungen zu hoch gespannt. Schon der Schaffner in der Kleinbahn zeigte sich keineswegs von meiner Uniform beeindruckt, sondern murmelte beim Kontrollieren der Fahrkarte nur: »Bist dem Kaiser weniger wert als ein Hund.« An der Klein-

bahnstation war weit und breit niemand, nicht einmal Kutscher Fritz zu sehen. Vielleicht hatte er sich nur verspätet. Aber da kam der Bahnhofsvorsteher anmarschiert und sagte, auf ein Ochsengespann deutend: »Du sollst mit dem Milchwagen fahren. Auf dem Hof ist zu viel zu tun.« Ganz zerschmettert suchte ich mir einen Platz zwischen den Milchkannen, während die Ochsen langsam dahintrotteten.

Auch auf dem Hof kam niemand jubelnd herbeigestürzt, um mich zu begrüßen. Von der Terrasse her hörte ich lautes Gelächter. Das schöne Herbstwetter hatte wohl mal wieder viele Gäste angelockt. Ich kämmte mich, zog mir den Scheitel, wusch mir die Hände, prüfte den korrekten Sitz der Uniform und marschierte zur Terrasse. Die Gespräche verstummten bei meinem Erscheinen. Und nun wurde mein Auftritt in Uniform doch gebührend gewürdigt. Meine Mutter machte gerührt den Versuch, mich in die Arme zu schließen. »Ach, Junge, wie freue ich mich!« Ich trat geniert einen Schritt zurück. »Guten Tag, alte Dame«, sagte ich steif und küsste ihr die Hand, was allgemeines Gelächter hervorrief.

Meine Mutter seufzte kokett: »Hört euch das an, jetzt bin ich schon eine alte Dame für ihn.«

Eine Zeitlang war ich der Mittelpunkt, doch bald drehte sich die Unterhaltung wieder um die

Ernte – so lala –, die Reitpferde des neuen Nachbarn – ziemliche Zossen – und den angekündigten Besuch des Kaisers zur Jagd – Majestät kommen allein. Zu meinem Verdruss gehörten auch Kusine Ines und ihre Mutter zu den Gästen. Wahrscheinlich blieb sie länger und würde mir die Ferien versauen. Aber das Gegenteil war der Fall. Ines und ich wurden geradezu dicke Tunke. Man hatte sie in ein Mädchenstift gesteckt, in dem es ähnlich zuging wie im Kadettencorps. Nach ihrer Schilderung musste die Oberin eine wahre Hexe sein, das Essen ging auf keine Kuhhaut, es gab meist Zusammengekochtes und zum Frühstück ein trockenes Brötchen mit Marmelade. Man wurde mit seiner Nummer angeredet, und die vorgeschriebenen grauen Kleider mit kratzigen Kragen waren einfach scheußlich. Was hatte sie gebettelt, damit die Mutter sie wieder mitnahm. Aber die hatte nur gesagt: »Jammre gefälligst nicht rum und mach deinem Namen keine Schande.« Zum ersten Mal tat sie mir wirklich Leid, und ich verzieh ihr großmütig, dass sie bei ihrem letzten Besuch heimlich mein geheiligtes Pony geritten hatte.

Trotz meiner Wiedersehensfreude brauchte es seine Zeit, ehe ich mich wieder in der Familie zurechtgeruckelt hatte und das Kadettencorps allmählich verblasste. Als Erstes wurde ich zu

meinem Großonkel zum Rapport bestellt. Ich beantwortete seine Fragen, wie es sich gehörte, in militärischer Kürze oder mit einem zustimmenden »Jawohl!«, vermied es aber, in irgendwelche Details zu gehen, woran der Onkel auch nicht sonderlich interessiert zu sein schien. Er hing lieber seinen eigenen mir wohlbekannten Erinnerungen nach. »So jung wie du möchte ich auch nochmal sein! Und wenn du erst im Hauptcorps die Ehre hast, an der jährlichen Parade teilzunehmen und an Seiner Majestät vorbeizudefilieren, diesen Tag wirst du nie vergessen.« Er klopfte mir gütig auf die Schulter. »Es freut mich, dass du dich so schnell eingelebt hast. Bist ja auch das beste Stück aus deiner Familie.« Dann schenkte er mir ein durchaus passables Jagdmesser, was diesen langweiligen Nachmittag etwas versüßte.

Ich gab das Kompliment sofort an meine Mutter weiter. Ihre Reaktion war eher enttäuschend. »Vielleicht kann unser bestes Stück sich jetzt ein bisschen nützlich machen und in der Küche beim Pflaumenaussteinen helfen«, sagte sie munter.

»Eine sehr gute Idee!«, riefen die Schwestern kichernd.

Ich runzelte die Stirn. Wie kindisch sie doch noch waren, während man mich mit meinen

zehn Jahren schon für würdig befand, gesiezt zu werden. Ich sprach gespreizt von Kameradschaft, Ehre und Vaterland, was zu meinem Ärger neues Gelächter hervorrief. Plötzlich erschien mir das Kadettencorps in milderem Licht, da waren wir Männer doch wenigstens unter uns.

Der Tag der Abreise rückte bedenklich näher, und ich überlegte mir gemeinsam mit meinem Freund Rudi, der wiederum seine ewig keifende Mutter und die ständig plärrenden Geschwister herzlich satt hatte, ob wir nicht abhauen sollten, wobei sich Rudi wieder einmal als der Vernünftigere erwies. »Wo wollen wir denn hin? Auf 'n Schiff kriegen mich jedenfalls keine zehn Pferde. Mir wird ja schon bei Wind im Kahn schlecht.«

Als kleiner Trost wurde mir diesmal wenigstens die mir zustehende Ehre zuteil, von der gesamten Familie zum Bahnhof gebracht zu werden. Ich winkte ihnen lange nach, bis sie meinen Blicken entschwanden. In der Kadettenanstalt angekommen, musste ich zu meinem Schrecken feststellen, dass ich mich im Datum geirrt hatte. Die offizielle Anreise war erst am nächsten Tag vorgesehen. Einen Ferientag verschenkt! Der Offizier vom Dienst betrachtete mich mitleidig. »Na, da hat ja wohl jemand gepennt«, sagte er lächelnd. »Aber Sie sind nicht allein, dem Reichsgrafen ist dasselbe passiert.«

Der Reichsgraf war zur selben Zeit ins Kadettencorps gekommen wie ich und hatte sich bei seinem Bärenführer mit dem Hinweis »Wir sind Reichsgrafen« gleich in die Nesseln gesetzt und allgemeines Gelächter hervorgerufen, denn adlig war fast jeder dritte Kadett, und niemand kam auf die Idee, seinen Titel zu nennen. Der Bärenführer stöhnte: »Ich krieg wirklich immer die größten Idioten.« Und so hatte der Reichsgraf gleich am ersten Tag seinen Spitznamen weg, und niemand kam auf die Idee, von Wolfi, wie er eigentlich hieß, zu sprechen. Trotz dieses Fauxpas erwies sich der Sack im Dienst als gar nicht so übel. Jedenfalls gehörte er keineswegs zu den Schlappschwänzen. In manchem war er sogar fixer als ich, vor allem beim Frühstück, wo er es verstand, in Windeseile aus dem ihm zustehenden Brötchen den traditionellen Pamps herzustellen. Gleich beim ersten Mal sprang er, ohne mit der Wimper zu zucken, in der Schwimmhalle vom Zehnmeterbrett, während ich schaudernd zögerte, zumal das Wasser nur siebzehn Grad hatte, und mir erst das erstaunte Gebrüll des Offiziers »Sie haben doch wohl nicht Schiss?« und der dicht hinter mir aufrückende Nächste Beine machten. Auch beim Turnen zeigte Wolfi, was er konnte, besonders am Reck. Nie hing er wie ich schlaff an der Stange, und der

Stubenälteste musste ihn nicht erst mit aufmunternden Muskelstärkern auf den Oberarm in Schwung bringen. Aber außer seinem Talent, ins Fettnäpfchen zu treten – er nannte die Nippessammlung des Stubenältesten ein Gruselkabinett –, langweilte er seine Stubengenossen auch bald mit seiner nöligen Art, Geschichten ohne Anfang und Ende aus seinem Elternhaus zu erzählen. Er erwähnte gern seinen Stammbaum, der angeblich bis zu Kaiser Barbarossa reichte, und versuchte, herauszufinden, mit wem von uns er verwandt war. Daher konnte es gelegentlich passieren, dass während der Freistunde, in der jeder in der Stube seinen Neigungen nachging, Karl May las, mit Laubsäge, Messer und Zeichenstift hantierte, plötzlich jemand seine endlosen Tiraden unterbrach, indem er ihm eins mit dem Lineal versetzte, was wiederum der Stubenälteste natürlich nicht dulden konnte und deshalb für beide Rapport bedeutete. Ein weiteres Lieblingsthema des Reichsgrafen war seine Kakteensammlung, die anscheinend zu Hause viel Platz im Kinderzimmer einnahm. Eine dieser hässlichen Pflanzen hatte er sogar mitgebracht. Sie führte ein trauriges, verstaubtes Leben zwischen Muschelkästen, getrockneten Seepferdchen und neckischen Tänzerinnen seiner Nippessammlung und wurde von den Ka-

detten gern dazu missbraucht, Wolfi damit im Genick zu kitzeln. Ich seufzte denn auch bei der Mitteilung des Erziehers: »Ausgerechnet der!«

Der Leutnant lachte. »Sie werden's überleben.«

Zu meinem Erstaunen wurde es dann doch ein recht gemütlicher Abend, den wir zwei Unglücksraben zusammen verbrachten. Wolfi hatte reichlich Schokolade mitgebracht, die wir in uns hineinstopften. Der Leutnant schickte uns früh in den Schlafsaal, und wir unterhielten uns mit ziemlicher Lautstärke, weil unsere Betten weit auseinander standen, bis wir angeherrscht wurden, gefälligst ruhig zu sein. So war dann schließlich dieser verschenkte Tag leidlich überstanden, und am nächsten Tag, bis die anderen Kadetten eintrudelten, schlenderten wir einträchtig über den Exerzierplatz und erzählten uns alberne Leutnantswitze – »Wenn wir die Schlacht gewonnen haben, was können wir dann worum winden?« »Dann können wir neue Lorbeeren um die alten Feldzeichen winden.« – »Wann lebte Gottfried von Bouillon?« »Wenn er nichts anderes hatte.« – »Mit was ohne was darf der Soldat nicht über den Kasernenhof gehen?« »Mit Pfeife ohne Pfeifendeckel.« – Wir lachten viel, und ich sagte wohlwollend: »Wenn du halb so viel quasselst, bist du eigentlich ganz in Ord-

nung«, eine Bemerkung, die ich schnell bereuen sollte. Nach einigem Herumgedruckse nämlich bat er mich, bei meiner Clique ein gutes Wort für ihn einzulegen, um Mitglied zu werden. Mir wurde heiß vor Schreck. Einerseits tat mir diese Nöltante Leid, andererseits spielte ich selbst nicht gerade eine führende Rolle bei den anderen. So sagte ich ausweichend: »Ich will's versuchen«, was sich aber als unnötig erwies, weil ihn der Anführer selbst vorschlug. Er verkehrte mit der Familie des Reichsgrafen und hatte sich in dessen Schwester vergafft. Wolfi, der ärgerlicherweise von dem in Liebe zu seiner Schwester entbrannten eigentlichen Gönner nichts wusste, bedankte sich überströmend bei mir. Zwar winkte ich verlegen ab, genierte mich aber, das Ganze richtigzustellen. Doch ich wurde nicht mehr lange täglich an meine Feigheit erinnert. Wolfi musste wegen eines Lungenleidens zwei Monate später die Anstalt verlassen.

Mit fünfzehn siedelte ich in die Hauptkadettenanstalt nach Berlin über. Wie ein Pferd an die Kandare hatte ich mich an das strenge Reglement zwar gewöhnt, aber ich sprühte auch immer noch nicht vor Begeisterung, ein Kadett zu sein. Die folgenden zwei Jahre hatten es in sich. Mein Großonkel starb. Meine Mutter hatte auf Sand gebaut: Das Testament war nicht zu mei-

nen Gunsten verändert worden. Dazu verliebte ich mich unsterblich in eine von Ines' Internatsfreundinnen, die mir jedoch nur die kalte Schulter zeigte. Ich marschierte im Stechschritt an Seiner Majestät vorbei und befand mich bereits als frischgebackener Fähnrich dort, wo ein anständiger Soldat hingehört: auf dem Schlachtfeld.

Vier Jahre lang verteidigte ich mein Vaterland, wobei sich der traditionsreiche Säbel als überholt erwies und mehr und mehr Panzer, Bomben und Granaten zum Handwerk gehörten. Im Stellungskrieg im Westen lernte ich, dass der letzte Funken Vernunft im Krieg zum Teufel geht. Zwar nur leicht beschädigt, aber doch recht klapprig, kehrte ich in die Heimat zurück, wo meine Gedanken bald um ein fröhliches Landmädchen kreisten, die zukünftige Erbin einer kleinen Klitsche, mit dem ich mich bald darauf verlobte. Die Generalskarriere wurde ad acta gelegt, ich begann noch einmal von vorn und lernte als Eleve zwischen lauter Sechzehnjährigen die Landwirtschaft von der Pike auf, was bedeutete: um fünf Uhr aus den Federn, zwölf Stunden im Stall und auf den Feldern und einen chronisch schlechtgelaunten Lehrherrn, der einem preußischen Feldwebel alle Ehre gemacht hätte.

Uniformen waren nun nicht mehr erwünscht, Paraden fanden nur noch auf der Bühne statt, wo die Tillergirls die Beine warfen, und ängstliche Mütter entfernten die noch vorhandenen kaiserlichen Initialen von den Matrosenmützen ihrer Sprösslinge. Es gab Massenversammlungen, Demonstrationen und zahllose Männer, die wie herrenlose Hunde in den Straßen herumlungerten und ein Schild vor sich hertrugen, auf dem stand: »Suche Arbeit«.

Ich hatte inzwischen geheiratet und durfte mich an zwei heranwachsenden Söhnen erfreuen. Aber das Glück war von kurzer Dauer. Was viele erträumt und ersehnt hatten, nämlich die alte Ordnung, kehrte in verzerrter Form wieder zurück, und der Soldat stand in der Gesellschaft mit an erster Stelle. Aufmärsche, Paraden, Ansprachen gehörten nun zur Tagesordnung, und bald nahm das Vaterland seine Söhne auch wieder in die Pflicht. Der Zweite Weltkrieg begann. Er stellte alle Grausamkeiten, die uns doch schon in den Märchen und Sagen in unserer Kindheit begegnet waren und uns wegen ihrer angeblichen Realitätsfremdheit so angenehm gruselten, in den Schatten. War ich nicht tief befriedigt, als die böse Hexe in »Hänsel und Gretel« bei lebendigem Leibe im Backofen verbrannte, der böse Wolf mit seinen Wackerstei-

nen im Bauch ertrank, der Indianer skalpiert wurde? Diesmal dauerte der Krieg sechs Jahre und traf gleichermaßen Soldaten wie Zivilisten. Das galt auch für meine Familie. Meine Eltern lebten nicht mehr, mein ältester Bruder war gefallen und meine Heimat von den Russen besetzt, und wo die geflüchtete Familie sich aufhielt, wusste ich nicht. Von meinem einstigen Regiment war kaum jemand übriggeblieben, und ich war ständig unterwegs, um mich bei einer neuen Dienststelle zu melden, die aber, wenn ich dann endlich dort eintraf, bereits aufgelöst worden war. Die Kapitulation stand vor der Tür, deshalb beschloss ich, nach sieben Jahren Kadettencorps und zehn Jahren Krieg endlich selbst über mein Schicksal zu bestimmen. Der Versuch scheiterte. Man schnappte mich, als ich gerade in einen Zug steigen wollte, der in die entgegengesetzte Richtung zu der meines Marschbefehls fuhr. Die beiden Männer von der Militärpolizei machten keineswegs ein triumphierendes Haben-wir-dich-erwischt-Gesicht, sondern führten mich eher missmutig ab. Wortlos brachten sie mich zur Ortskommandantur in eine von der Stadt abgelegene Villa. Zwei Kriege hatte ich überlebt, aber hier würde es kein Pardon mehr geben. Ich hatte genug Männer aller Altersstufen an den Alleebäumen hängen sehen

mit dem Schild um den Hals: »Wer den Tod in Ehren fürchtet, stirbt ihn in Schande.«

Der Standortkommandant hinter dem Schreibtisch war ein Mann meines Alters. Er blätterte in meinen Papieren, schüttelte den Kopf, stand auf Krücken gestützt auf, humpelte auf mich zu, nannte mich laut einen erbärmlichen Vaterlandsverräter und flüsterte mir zwischen seinen Schimpftiraden zu: »Mensch, Butz, altes Haus, ab durchs Fenster!« Es war der Reichsgraf. Während ich mich durch die Büsche schlug, hörte ich die Krücken zu Boden fallen und ihn laut um Hilfe rufen.

Das Schicksal war mir wie immer gnädiger als manchem anderen. Meine durch Flucht und Gefangenschaft versprengte Familie fand sich wieder zusammen, und wir kamen leidlich in einer Kleinstadt bei einer Kriegerwitwe unter, die eine Wäscherei betrieb und jede Hilfe gut gebrauchen konnte. Eingehüllt in Seifendämpfe, half ich ihr, so gut ich konnte, und sie weihte mich in die Geheimnisse des Wäschekochens, Spülens, Plättens und Mangelns ein und brachte mir die Buchführung bei. Später übernahm ich das Geschäft, und es gelang mir sogar, mit Hilfe meines älteren Sohnes zwei Filialen zu gründen.

Über mangelnden Besuch in der ersten Zeit unseres Flüchtlingsdaseins konnten wir uns weiß

Gott nicht beklagen. Freunde, Verwandte, ehemalige Nachbarn klopften an unsere Tür und wollten beherbergt und gespeist werden. Das Zusammenrücken war man längst gewöhnt. Außerdem hatte der Gott, der Eisen wachsen ließ, schon dafür gesorgt, dass wir keine Prinzen und Prinzessinnen auf der Erbse werden würden. Für die Kinder standen Waschkörbe als Betten bereit, und die Erwachsenen rollten sich auf dem zu kurzen Sofa, durchgesessenen Sesseln oder in der Badewanne zusammen und lagerten auf dem Fußboden, der manchem Heimkehrer vertrauter geworden war als das Bett. Zum ständigen Hausbesuch gehörte nun auch der Reichsgraf, der in der Nähe wohnte und als glücklicher Einheimischer ganz comme il faut nicht nur mit Pferd und Wagen, sondern sogar mit einem Kutscher erschien. Gerührt sanken wir uns in die Arme, aber von Dankbarkeit wollte Wolfi nichts hören. »Du warst ja nicht der Einzige, dem wir helfen konnten. Waren brave Burschen, die Kettenhunde. Und wir haben uns schnell auf diesen Trick verständigt. Nur einmal wäre es beinahe schiefgegangen. Da ist so ein grüner Junge hereingestürzt gekommen, hat mit der Pistole herumgefuchtelt und versucht, den unglücklichen Deserteur zu erschießen.«

Wolfis Schloss war leicht mit dem Rad zu er-

reichen. Es lag landschaftlich sehr hübsch auf einer kleinen Anhöhe, von der man auf den Fluss sah, war aber innen ein ziemlich ungemütlicher Kasten. Wolfis Eltern lebten nicht mehr. Sie waren wie meine noch im Krieg gestorben, und seine einzige verheiratete Schwester war in Berlin bei einem Bombenangriff umgekommen. Der Reichsgraf war Junggeselle geblieben. Seine große Liebe hatte nach jahrelanger Werbung dann doch einen anderen geheiratet und er selbst die Lust an einer Ehe verloren. Sein Schloss war von Flüchtlingen bis zum Dachboden gefüllt, sodass auch seine eigenen Räumlichkeiten recht bescheiden waren. Natürlich sprachen wir von den alten Zeiten, wozu gehörte, dass Wolfi unweigerlich auf das Kadettencorps kam.

»Sei froh, dass dir der Rest erspart geblieben ist«, sagte ich. »Und dadurch konntest du den Ersten Weltkrieg wenigstens mehr oder weniger in der Etappe verbringen.«

Wolfi gab zu, dass er wirklich großes Glück gehabt hatte, begann aber dann doch mit dem üblichen »Kannst du dich noch erinnern« und grübelte darüber nach, wie der Kadettengefreite doch gleich geheißen hatte, der es verstand, seine Knöpfe an der Uniform so zu putzen, dass auf den Knopflöchern nie ein weißer Rand zu-

rückblieb, und dessen Kommissbotten immer wie Lack glänzten. »Schade, dass wir uns so viele Jahre aus den Augen verloren haben. Ich habe nicht vergessen, dass ich es damals deiner Fürsprache verdankte, in der Clique aufgenommen zu werden.«

Ich stand etwas abrupt auf. »Tut mir Leid, es wird dunkel, wir müssen los.«

»Ein netter Mensch«, sagte meine Frau, als wir nach Hause radelten.

Ich seufzte. »Ja schon. Aber immer noch diese alten Kamellen. Ich wette, er würde heute noch gern im Stechschritt an Seiner Majestät vorbeimarschieren.«

»Ein sehr, sehr netter Mensch«, sagte meine Frau. »Er hat mir versprochen, uns einen Zentner Kartoffeln zu schicken.«

Abgesehen vom Kadettencorps hatte es der Reichsgraf auch nach wie vor sehr mit seinen Ahnen, und sogar das Kakteenhobby pflegte er noch. Wir wurden trotzdem gute Freunde, was sich nach der Geburt meines Enkelsohnes, dessen Patenonkel er wurde, sehr festigte, denn für Magnus war das Schloss ein zweites Zuhause. Wolfi war ihm sehr zugetan, auch, als später der nun bezopfte Magnus keineswegs seine politischen Ansichten teilte und die Bundeswehr ablehnte, sodass sie sich häufig in den Haaren la-

gen. Trotzdem blieben meine Frau und meine Schwiegertochter fest davon überzeugt, dass Magnus sein zukünftiger Erbe war. Da hatte ich jedoch so meine Zweifel. »Magnus hat's ja nicht so mit dem Adel, und bis jetzt hat Wolfi immer ziemlich säuerlich auf seine Freundinnen reagiert. Ich fürchte, da muss sich unser Enkelsohn noch gewaltig ändern.«

Der gute Wolfi spendierte unserem Enkel sogar ein zusätzliches Studium in England. Leider berichtete der Junge in seinen Briefen nur sehr wenig über sein College und seine Kommilitonen, dafür um so mehr von einer gewissen Edna mit feuerrotem Haar, der Tochter eines schottischen Earls, was meine Frau sehr beruhigend fand. Es musste etwas Ernsthaftes sein, denn er kündigte uns an, dass er sie in den Semesterferien mitbringen und sie uns vorstellen wollte. Frau und Schwiegertochter stellten das Haus auf den Kopf, das beide Familien inzwischen gemeinsam bewohnten. Mit Wolfi warteten wir gespannt auf den Gast, und als er vor uns stand, blieb uns der Mund offen stehen: Es war in schmucker Uniform ein bildhübscher Leutnant der Royal Navy, wenn auch im technischen Dienst.

Ednas beruflicher Werdegang hatte, wenn auch in etwas abgemilderter Form, viel Ähnlich-

keit mit preußischem Schliff. Sie gab zu, dass die Ausbildung nicht immer die reine Freude gewesen sei. Trotzdem war dieses hübsche Geschöpf militärfromm vom Scheitel bis zur Sohle, und das Königshaus stand für sie an erster Stelle. Merkwürdigerweise schien für meine Frau und meine Schwiegertochter ein weiblicher Soldat etwas völlig Normales zu sein, ja sogar ihre Zustimmung zu finden, während sie doch, im Gegensatz zu Wolfi, Magnus' Ersatzdienst sehr begrüßt hatten. Aber auch der Reichsgraf zeigte sich voller Sympathie für dieses zukünftige neue Familienmitglied, obwohl er sonst mehr dem Frauenbild in Schillers Glocke huldigte: »Und drinnen waltet die züchtige Hausfrau«. Deshalb verkniff ich mir die Frage, was denn die junge Lady heutzutage von dem ganzen Brimborium wie Paraden und schmetternden Fanfaren hielt und davon, dass immer noch bei Staatsbesuchen junge Burschen in strammer Haltung vor gütig blickenden Zivilisten das Gewehr präsentierten. Eine Waffe, die, wie ich fand, doch längst zum alten Eisen gehörte. Auch konnte ich mir vorstellen, dass nach den ewigen Kriegen ein Empfang der hohen Herren mit beispielsweise im Stechschritt die Beine werfenden Funkenmariechen sehr viel erfreulicher und völkerverbindender wäre. Aber ich sagte nichts,

sondern berührte nur, als das junge Paar sich von uns verabschiedete, sanft den Zopf meines Enkels und flüsterte: »Den wird sie dir nicht lassen, mein Junge.«

Das ist nun ein paar Jährchen her. Ich gehe auf die Achtzig zu, und mein Enkelsohn hat mit seiner Familie längst einen Flügel des Schlosses bei seinem Patenonkel bezogen. Natürlich sind wir häufig bei ihnen zu Besuch, und ich habe dem kleinen Friedrich meinen Werdegang aufgeschrieben, damit er nicht nur von Wolfis Vorfahren hört, die zu Dutzenden in den Fluren des Schlosses hängen und wohlwollend auf ihn herunterblicken, wenn er durch die Räume tobt. Ich denke oft an Mama und wie sie sich freuen würde, wenn sie wüsste, dass sie, wenn auch auf Umwegen, nun doch erreicht hat, was damals ihr größter Wunsch für mich war: ein Gut zu erben.

Heute ist der 1. Mai, der Tag der Kapitulation vor zweiunddreißig Jahren. Ich bin froh, dass meine Eltern den ganzen Schlamassel nicht miterleben mussten. Ich sitze im Gastzimmer meines Enkels am Fenster, und während ich meine Erinnerungen noch einmal durchlese, höre ich unter mir auf der Terrasse Wolfis kräftiges Lachen und das krähende Stimmchen meines Urenkels. Ich beuge mich vor und sehe Klein-

Friedrich, mit einem Papierhelm auf dem Kopf und Wolfis Spazierstock geschultert, mit strammem Schritt vor dem Reichsgrafen hin- und hermarschieren.

Das edle Blut

Theo ist weiß Gott nicht gerade das, was man eine Schönheit nennt, und die Frage nach seiner Abstammung schwierig zu beantworten. Denn sein Stammbaum, so muss ich jedem sagen, der mich danach fragt, ist ebenso ein Opfer der Flammen geworden wie Onkel Hassos Ahnengalerie. Mag sein, dass an dieser seltenen Rasse zu viel herumgezüchtet worden ist. Aber eins ist sicher: Nur edelstes Blut fließt durch seine Adern, wuchsen doch seine Vorfahren noch in Russland am kaiserlichen Hof auf und wurden von des Zaren Hand gestreichelt. So hat er einfach im Instinkt, wie ein vornehmer Hund sich zu benehmen hat. »Noblesse oblige« scheint auch seine Devise zu sein, und er begrüßt jeden, ohne Ansehen der Person, indem er ihm würdevoll die Pfote reicht. Er besitzt einen Wuschelkopf, einen kompakten, muskulösen Körper mit starken, kurzen Läufen, ein weiches Fell und eine kleine Rute, die er aufrecht trägt, ist gutmütig, anpassungsfähig, sehr intelligent und zeigt jedem seine Sympathie mit so offenkundi-

ger Freude, dass er schnell die Herzen gewinnt. Seine Ohren sind allerdings etwas entgleist und seine Augenbrauen reichlich buschig. Man kann von ihm vielleicht dasselbe sagen wie unser ehemaliger Bundespräsident von seinem Hund: »Als Hund ist er ja vielleicht eine Katastrophe, aber als Mensch unersetzlich.«

Theo ist nicht nur Adel vom Feinsten, einer seiner Vorfahren war auch ein berühmter, mehrfach mit Orden ausgezeichneter Kriegshund, der seinen Herrn furchtlos und treu durch Schlachten des Ersten Weltkrieges begleitete und seine Pfote schützend über ihn hielt. Unerschrocken pirschte er sich in rasendem Tempo, kriechend und schleichend, durch die feindlichen Linien, um Botschaften an andere Regimenter zu überbringen, scheute das feindliche Feuer nicht, um Verwundeten beizustehen und ihnen tröstend das Gesicht zu lecken.

Glücklicherweise sind ja im Augenblick diese Talente eines Hundes in unserem Land nicht so gefragt, jedenfalls müssen sie nicht, eine Handgranate im Maul oder eine Depesche am Halsband, unter feindlichem Beschuss ihr Leben riskieren, sondern dienen allenfalls dem Zoll als Drogenschnüffler, den Rettungsmannschaften als Suchhunde oder werden Blindenhunde.

Im Großen und Ganzen also führt der deutsche Hund ein ruhiges, beschauliches Leben.

Trotzdem gilt auch für Theo die Devise seiner Ahnen: Ein braver Hund denkt an sich selbst zuletzt, etwas, was bei uns Menschen beklagenswerterweise mehr und mehr aus der Mode kommt. Anders Theo. Er stellt sich in unserem kleinen Seniorenheim voll und ganz in den Dienst der guten Sache und trägt damit zu einer angenehmen Atmosphäre bei. Sogar Frau Moser begrüßt er voller Zärtlichkeit, die nun wirklich aussieht, als hätte sie schon der Storch zu unsanft durch den Schornstein geschubst. Wie wir aussehen, ist ihm egal. Er ist deshalb im Heim ein gefragtes Geschöpf, hat einen arbeitsreichen Tag, heitert die Depressiven mit seiner Anwesenheit auf, hört sich zum hundertsten Mal Frau Rabes Lamento über den missratenen Sohn an, tut unter viel Gelächter so, als verginge er bei Schwester Hannelores Anblick vor Angst, um sie dann, sich anschleichend, ins Bein zu zwicken, trabt mit der Post von Zimmer zu Zimmer, schubst Frau Weber so lange aufmunternd an, bis sie schließlich nachgibt und sich stöhnend erhebt, um ihr Laufpensum auf dem Flur hinter sich zu bringen.

Aber irgendwann ist auch für ihn Feierabend. Er rollt sich zufrieden in seinem Körbchen zu-

sammen, wobei er allerdings tief seufzt, was aber auch an den vielen Häppchen liegen kann, die man ihm verstohlen reicht, obwohl ich es streng verboten habe. Sobald der Fernseher schweigt und das Licht gelöscht ist, kommt er mit seinem Teddy, auf dem er nachts schläft, angeschlichen und springt auf mein Bett. Und ich denke: soll er. Er hat es schließlich verdient, da muss man mit so kleinen Untugenden nachsichtig sein.

Es hat eine ganze Weile gedauert, bis unsere Heimleiterin einsah, wie wichtig Theo für die Gemeinschaft ist. Sie hatte bis dahin Hunde nur aus der Sicht des Spaziergängers wahrgenommen, der zu Haus verdrießlich seine geputzten Schuhe betrachtet, mit denen er mal wieder in einen Hundehaufen getreten ist. Auch sind nach der Hausordnung Hunde natürlich nicht erlaubt. Katzen und Vögel ja, Hunde nein. Theo jedoch ist die berühmte Ausnahme von der Regel, für dessen Gegenwart eine Begründung gefunden wurde, die gleichzeitig verhinderte, dass es nun plötzlich von Hunden bei uns wimmelte. Ja, die Heimleiterin wurde sogar eine seiner größten Bewunderinnen. Theo dankte es ihr auf seine Weise. Er trieb unermüdlich seine Späßchen mit den Bettlägerigen, sodass sie vor lauter Lachen das Klingeln und das Jammern verga-

ßen und die Schwestern mal in Ruhe ein Kaffeepäuschen einlegen konnten, und vollbrachte eine Glanznummer, indem er tatsächlich Frau Schwabes tagelang verzweifelt gesuchtes Hörgerät hinter der Vogeltränke im Garten entdeckte. Regelmäßiger Apportiergegenstand ist dagegen die immer wieder hinter einem anderen Kissen abgelegte Prothese von Frau Dengler-Rautenstrauch, die als Einzige in unserer Runde einen für unsere Generation noch unüblichen Doppelnamen trägt und sehr stolz darauf ist, schließlich beweist er, dass sie noch in sehr reifen Jahren einen neuen, wenn nun auch traurigerweise verstorbenen Partner gefunden hat. Frau Dengler-Rautenstrauchs Dankbarkeit gegenüber Theo färbt auch auf mich ab: Sie verzichtet immer mal wieder für einige Zeit auf ihren unermüdlich zitierten Spruch aus DDR-Zeiten: »Als Adam grub und Eva spann, wo war denn da der Edelmann?«, wobei sie mich jedes Mal trotzig ansieht. Ich habe für ihre Einstellung meinem Adelsnamen gegenüber Verständnis. Frau Dengler-Rautenstrauch hat in der DDR ewig und drei Tage zu hören bekommen, dass die zu Recht enteigneten Junker nicht nur am Krieg und überhaupt am ganzen Unglück in der Welt schuld sind, sondern ihre Angestellten auch noch wie Sklaven behandelt haben, inklu-

sive Auspeitschen. Ja, in manchen Schlössern habe es sogar Folterkammern gegeben. Wenn sie beim Mittagessen so loslegt, werfen wir anderen uns gegenseitig verständnisvolle Blicke zu, und Frau Schwabe, die sich mit ihr duzt, sagt mit milder Nachsicht: »Nu iss man weiter, Ruthchen.« Frau Dengler-Rautenstrauch ist die Jüngste von uns, gerade mal fünfundsiebzig, aber nach einem schweren Autounfall mit dem Laufen sehr schlecht dran.

In unserem kleinen Heim gibt es nur Frauen, wir sind also ganz »entre nous« und eigentlich alle zufrieden. Nur die Wochenenden, die könnten meinetwegen abgeschafft werden, vor allem der Sonntag, der ist der furchtbarste Tag der Woche. Meist weckt er Erwartungen, die zum Schluss enttäuscht werden, sodass Theo den Seelentröster spielen muss, wofür er mit »Mon Cheri« gefüttert wird, das er verständlicherweise nicht mag, es abzulehnen jedoch zu höflich ist und es dafür umgehend wieder in sein Körbchen kotzt. Den Besuchern merkt man die vorausgegangene Diskussion an, wer aus der Familie diesmal dran ist, sodass sich, noch ehe man ein Wort gewechselt hat, eine gewisse Gereiztheit breit macht, die man besser nicht durch unbedachte Äußerungen steigert, und die Erleichterung, mit der die Nichte, die Tochter, die

Enkelin (es sind meist die Frauen der Familie) die leeren Kaffeetassen zusammenstellt und wieder verschwindet, stimmt auch nicht gerade heiter. Wir, die Zurückgebliebenen, können sehen, wie wir uns die Welt noch einmal zurechtträumen.

Geld ist bei uns allen knapp und deshalb unser etwas älteres Heim nach heutigen Maßstäben sehr bescheiden, aber dafür haben wir eine Heimleiterin, die ihren Beruf ernst nimmt und sich gern über die Vorurteile der nach uns kommenden Generation gegen uns Alte empört und sie geradezu rassistisch nennt. Nur was die Liebe betrifft, hat sie, wie wir finden, keine glückliche Hand, und wir denken insgeheim, dass sie von den Männern zu viele innere Werte erwartet, etwas, was die Herren bekanntermaßen nicht so üppig im Gepäck haben. Wenn wieder einmal der Zeitpunkt der Trennung gekommen ist, geht man ihr besser aus dem Weg. Nur Theo darf ihr Gesellschaft leisten.

Alles in allem kommen wir Alten gut miteinander aus, obwohl jeder von uns die wieder und wieder erzählten Lebensgeschichten der anderen allmählich zum Hals heraus hängen, was wir nicht immer ganz verbergen können, sodass die Erzählende gekränkt verstummt. Nur Theo hört ihr mit geneigtem Kopf geduldig zu und legt

der von ihren Erinnerungen Geplagten, wenn sie anfängt, weinerlich zu klingen, beruhigend und tröstend seine Pfote aufs Knie. Meine Lebensgeschichte ist da eine gewisse Ausnahme, und an öden Regentagen, wenn das Fernsehen uns Heimatfilme und Volksmusik vorenthält und weiter nichts bietet als Horrorfilme, Kakerlaken verspeisende Menschen und in die Luft fliegende Autos, möchte man gern diese und jene Anekdote von früher hören, vor allem die, in denen unser Liebling Theo oder zumindest einer seiner Vorfahren eine Rolle spielt. Auch möchte man hören, wie es denn so war im Schloss meines Onkels mit dem heldischen Theo dem Ersten, den er als Kriegshund von der Front mitbrachte.

Aber nicht immer bin ich dazu aufgelegt. Schließlich bin ich trotz meiner neunzig Jahre noch ein eigenständiger Mensch, die Einzige, die das Heim auf eigenen Füßen, wenn auch mit Hilfe eines Gehwagens, verlassen kann. Glücklicherweise liegt das Heim sehr zentral, sodass ich einerseits den großen Park ganz in der Nähe habe, andererseits das Einkaufszentrum. Meine Mitbewohnerinnen begleiten meinen Aufbruch jedes Mal mit ängstlichen Blicken und dem warnenden Ruf: »Passen Sie auf die Radfahrer auf, und denken Sie daran, dass die Ampel auf der Kreuzung sehr kurz geschaltet ist!«

»Keine Sorge«, sage ich und nehme Theo an die Leine.

Auch Frau Kruse sieht mich nur ungern das Haus verlassen. Sie sagt: »Ich will ja hier niemanden gängeln, aber Ihre gelegentlichen Asthmaanfälle machen mir doch Sorgen. Vergessen Sie bitte Ihren Püster nicht.«

Ich verspreche, vernünftig zu sein, denn schon der Gehwagen zwingt mir ein ruhiges Tempo auf. Im Park warten bereits meine Hundebekanntschaften auf mich, die mich herzlich begrüßen, überwiegend natürlich Frauen, junge und alte, die ihren Lieblingen zusehen, wie sie über den für sie freigegebenen Rasen toben.

»Sind Sie ein Fan von Vicky Leandros?«, bin ich anfangs von ihnen lachend gefragt worden, als sie Theos Namen erfuhren. Vicky Leandros ist ohne Zweifel eine großartige Person, und ihr Schlager »Theo, wir fahren nach Lodz« hat sich auch in meinem Gedächtnis eingenistet. Ich habe ihnen erklärt, dass Theo ein vererbter alter Name ist und aus jener Zeit stammt, als die Ahnen meines Hundes noch am Zarenhof lebten und ihnen das Fressen von einem Dienerjungen serviert wurde. Der Herr aller Reußen hat diesen Namen bevorzugt. Das Noble liege meinem Theo mehr im Blut, nicht so sehr im Aussehen.

Aber Aussehen und Herkunft stimmten ja auch bei den Menschen nicht immer überein.

Wie immer begrüßt Theo seine Spielgefährten mit würdevoller Zurückhaltung. Er liebt es nun mal nicht, sich gemein zu machen, auch wenn ihn gelegentliche Missgeschicke von seinem hohen Ross herunterholen, ein plötzlicher Ausrutscher auf den schlüpfrigen Bohlen eines Bootsstegs zum Beispiel, der ihn ins Wasser katapultierte. Während er total perplex wieder zum Ufer strampelte, mehr einer nassen Ratte als einem Hund gleichend, erntete ich viele vorwurfsvolle Blicke, und eine ältere Dame tadelte: »Dieses arme Tier ist doch nun wirklich zu alt, um es im Dezember ins Wasser zu hetzen.«

Ich selbst verlor vor dem Einkaufszentrum ebenfalls eines Tages das Gleichgewicht. Der Wagen rutschte mir aus den Händen, und ich schlug der Länge nach so hin, dass sich alle meine dritten Zähne lockerten und ich mich bei den hilfreichen Jungen, die mir mit einem »Nich so stürmisch, Oma« wieder auf die Beine halfen, nur verlegen nuschelnd, die Hand vor dem Mund, bedanken konnte. Dafür reichte ihnen Theo artig die Pfote, was sie mit einem freundlichen »Na, Junge, du machst es wohl auch nich mehr lange« quittierten. Als ich ihnen, die Dritten unauffällig gerichtet, dann allerdings er-

zählte, was für einem heldischen Geschlecht Theo entstammt und dass einige seiner Vorfahren ihrem Vaterland im Krieg gedient hätten, streichelte man ihn achtungsvoll und schenkte ihm sogar ein Wiener Würstchen.

Natürlich hat bei Theos Geburt der Kriegsgott zum Glück nicht mehr Pate gestanden, sodass er das Heldische außer Acht lassen kann und nur seine fürsorgliche Seite zur Geltung kommt. Er braucht nur ein herumtaperndes Kleinkind, von dem er annimmt, es habe sich verlaufen, zu sehen, schon stellt er sich daneben und versucht mit einem laut gebellten »Hier ist es!« die Eltern zu alarmieren. Nur selten bekommt er dafür ein Lob zu hören, meist wird er von der verständnislosen Mutter angekeift: »Hau ab, du Köter!« Ebensowenig wurde ihm gedankt, als er versuchte, eine Katze zu retten, die vor seinen Augen durch einen Graben paddelte. Er sprang hinterher und versuchte, die sich heftig Wehrende an Land zu schleppen, während die Besitzerin am Grabenrand verzweifelt die Hände rang und schrie, er solle ihr Flöhchen in Ruhe lassen. Mehr Sympathie findet er da bei einem dreibeinigen Hund im Park, der sein ständiger Spielgefährte geworden ist, weil Theo sich einbildet, dass er ihn dringend als Beschützer braucht. Dabei kann dieser Freund

recht gut für sich selbst sorgen, denn er hat es faustdick hinter den Ohren und ist ein exzellenter Schauspieler. Häufig humpelt er Mitleid erregend über den Rasen, ein Bild des Jammers. Aber wenn es darauf ankommt, läuft er schneller als jeder andere. Sein Lieblingsspiel ist »Heimatlos«. Während seine schon etwas zerfledderte Herrin, auch nicht mehr die Jüngste, in wasserziehenden Strümpfen, ungeputzten, schiefgetretenen Schuhen, einem knöpfereichen Mantel, an dem die Hälfte dieser Zierde fehlt, sich die Kehle wundschreit, sitzt er am Ende des Parks, still vor sich hin zitternd, in der Nähe eines Busches, was unweigerlich das Mitleid der Spaziergänger erregt. »Armes Tier«, sagen sie. »Wie herzlos doch die Menschen geworden sind. Was ihnen nicht mehr passt, weg damit.« Sofort zittert der Dreibeinige noch stärker und schnappt gierig nach allem, was man ihm zuwirft. Dann schüttelt er sich, und plötzlich ist er verschwunden. Man sieht sich verblüfft an. Wo steckt er denn nun? Eben saß er doch noch hier. Wenn Theo seinen Freund bei diesem albernen Spiel ertappt, treibt er ihn missbilligend vor sich her zu der Herrin zurück, die ihn dafür einen lieben Theo nennt und streichelt.

Für Hundebesitzer gibt es keine Langeweile und viel Gesprächsstoff untereinander. Fast im-

mer findet sich jemand, der sich für Theos Herkunft interessiert und dadurch auch zwangsläufig für Onkel Hasso, der einmal in meinem Leben eine so große Rolle gespielt hat, dass ich ihn trotz meiner neunzig Jahre bis heute nicht vergessen habe. Ich muss etwa drei bis vier Jahre alt gewesen sein, als ich seine Bekanntschaft machte. Ich hatte mich gerade mal wieder auf meinen Lieblingsplatz unter dem Bechstein-Flügel verzogen, um dort in Ruhe mit meiner Puppe zu spielen, als plötzlich etwas auftauchte und mir stürmisch das Gesicht ableckte. Es war Theo der Erste. Ich war mit Hunden vertraut und streichelte ihn, während er sich neben mich legte. Dann hörte ich meine Mutter lachen und vernahm eine mir unbekannte Männerstimme. Ich hörte, wie der Flügel aufgeklappt wurde, die Tasten zu klingen begannen, und sah, wie sich zwei verschieden beschuhte Füße aufeinander zubewegten und sich wechselweise berührten. Theo spitzte die Ohren und gab ein leises Knurren von sich. Prompt standen die Füße still. Von Theo gefolgt, kroch ich unter dem Flügel hervor und kletterte meiner Mutter auf den Schoß. Meine Mutter zog mir mein Kleidchen zurecht: »Das ist ihr Lieblingsversteck«, erklärte sie dem Gast, der auf Theo deutete. »Und das hier ist mein Chaperon, meine männliche Anstandsdame.«

Ich ließ mich vom Schoß meiner Mutter rutschen, ging zu dem neuen Onkel und begrüßte ihn mit einem artigen Knicks. Er gab mir einen flüchtigen Kuss, und ich fand, dass er sehr angenehm roch. Theo wiederum hatte sich zu meiner Mutter gesellt und reichte ihr seine Pfote. Sie streichelte ihn. »Wir haben doch nur ein bisschen Klavier gespielt«, sagte sie, sich amüsiert entschuldigend. »Honni soit qui mal y pense.« Wie in dieser Zeit üblich, wurde jede Unterhaltung mit reichlich französischen Vokabeln gespickt. Man machte Commissionen statt Einkäufe, nannte den Regenschirm einen Parapluie, sagte »au revoir« und »mon dieu« und wurde nicht zu einem Dinner, sondern zu einem Diner gebeten.

Diesen interessanten Onkel sollte ich jetzt häufiger sehen, und bald war er für mich nicht mehr ein fremder Erwachsener, den man schnell wieder vergaß und dem man nur artig guten Tag und auf Wiedersehen sagte, sondern jemand, der sich im Gedächtnis einnistete. Meine Mutter war noch sehr jung und früh verwitwet. Onkel Hasso war ihr Cousin, und sie waren sich sehr zugetan. Er besaß ein schönes Gut, auf dem meine Mutter und ich mit vielen anderen Gästen die Sommer verbrachten. Onkel Hasso war bei Männern wie Frauen gleichermaßen beliebt.

Er war im Ersten Weltkrieg das Hätschelkind seines Kommandeurs gewesen, der, wo es ging, seine schützende Hand über ihn hielt, obwohl das nicht immer nützte. Onkel Hasso beherrschte die Kunst des Zuhörens virtuos und gab jedem das Gefühl, großes Interesse und unendlich viel Zeit für seine Probleme zu haben, was besonders bei den Frauen großen Eindruck machte. Er war ein exzellenter Landwirt, der, ganz unüblich für die Nachbarn, auf einen Inspektor verzichtete und alles selbst lenkte, wobei er sich, wenn auch mit großer Liebenswürdigkeit getarnt, als eisenharter Geschäftsmann erwies. Für uns Kinder war er der gute Onkel schlechthin, denn bei ihm gab es kaum Verbote. Wir hatten jederzeit Zutritt zu seinem Arbeitszimmer, und wir schienen ihm nie lästig zu werden. Ich glaube, wir waren für ihn eine angenehme Geräuschkulisse und hielten ihm das ewig Weibliche, an dem er grundsätzlich großes Interesse zeigte, dann doch hin und wieder erfreulich vom Leibe. Und so blieb er, von seinem Tugendwächter Theo unterstützt, ein ewiger Junggeselle. Dabei nahm es dieser Tugendwächter, den er aus dem Krieg mitgebracht hatte, was Anstand und Sitte betraf, bei sich selbst nicht gerade genau. Oft rannten fluchende, die Mistgabel schwingende Bauern hinter ihm her, weil

er den weiblichen Hofhund bedrängte, und er stromerte ganze Nächte durch die Gegend, um seine Bräute aufzusuchen. Doch was er sich selbst erlaubte, duldete er bei Onkel Hasso nicht. Besser gesagt, er riet ihm auf seine Weise energisch ab. Wenn eine Verlobung in der Luft lag, schüttelte er zum Beispiel beim Anblick des Mädchens mit einem abwehrenden »Hrrr« den Kopf, und wenn es nötig war, griff er auch zu stärkeren Mitteln. So, als sich Onkel Hasso überraschenderweise so für einen Flirt erwärmte, dass er, wie Theo wohl fand, Sinn und Verstand verlor. Dabei hatte die junge Dame nur zu einem uralten Trick gegriffen, nämlich totales Desinteresse an dem Onkel zu zeigen. Den plötzlich solidarisch vereinten Rivalinnen blieb es ein Rätsel, wie diese in ihren Augen farblose dumme Nuss es geschafft hatte, dass Onkel Hasso sie förmlich umtanzte. Aber glücklicherweise gab es ja da noch Theo. Er wusste sofort, was zu tun war, zumal es ihn kränkte, dass sich sein Herr ganz gegen jede Gewohnheit so uneinsichtig zeigte und nicht, wie sonst üblich, Theo das Urteil sprechen ließ. Er hatte ihn ihr nicht einmal wie gewohnt mit der Bemerkung vorgestellt »Das ist Theo, der Herr im Haus« und, Höhepunkt der Demütigung, schickte ihn sogar aus dem Zimmer, weil er zu knurren an-

fing und sich weigerte, den Gast in der üblichen höflichen Form zu begrüßen. Was nun folgte, erfüllte alle weiblichen Gäste mit tiefer Befriedigung. Mit dem Stubenmädchen, das den Sherry brachte, betrat Theo wieder das Zimmer und lief schnurstracks auf die Angebetete zu, sah sie an und ließ etwas in ihren Schoß fallen, eine tote Maus. Ihr schriller Schrei war bis in die Küche zu hören, und was sich dann an Flüchen aus zartem Mädchenmund ergoss, ließ Onkel Hassos glühende Leidenschaft auf der Stelle erkalten.

Nur einmal machte Theo eine Ausnahme. Das war, als Onkel Hasso eine junge Russin mit einer Stimme wie ein Donkosak zu Gast hatte. Theo umwarb sie förmlich, folgte ihr wie ein Schatten und verweigerte Onkel Hasso den Gehorsam, was den Onkel sichtlich kränkte. Natürlich tat ihm Onkel Hasso nicht den Gefallen, sich von ihm eine neue Herrin aussuchen zu lassen. Die junge Russin reiste fröhlich wieder ab, und als der Wagen mit ihr davonrollte, rannte Theo noch ein Weilchen hinter ihm her.

Aber nicht nur seine zahlreichen Freundinnen, sondern auch jenseits von Gut und Böse stehende alte Tanten machten sich um Onkel Hassos Zukunft Gedanken: »Willst du denn für immer ein Junggeselle bleiben?«, und priesen

ihm Geschöpfe als Ehefrauen an, deren Charme sich hinter aufopfernder, mit Farblosigkeit gepaarter Tüchtigkeit leider völlig verbarg. Dummerweise erweckte Onkel Hasso gerade in den Unverwöhnten die meisten Hoffnungen, war er doch zu allem, was ihm Leid tat, besonders nett. Und so gab es auch hier kleinere und größere Tragödien.

Ich, damals etwa zehn, liebte Herr und Hund gleichermaßen und versuchte, beide ständig mit Beschlag zu belegen, was Theo weniger gefiel als dem Onkel, der mit Kindern recht gut umzugehen wusste. Nie stand er einfach auf und ging weg, ohne mich auch nur noch eines einzigen Blickes zu würdigen, wie Theo es tat, wenn er schlechter Laune war. In dieser Hinsicht hatte der Hund eine gewisse Ähnlichkeit mit meiner Mutter, die auch kaum noch Zeit für mich hatte, sobald ein neuer Verehrer auftauchte. Junge Witwen, noch dazu so hübsche wie sie, waren bei den Herren sehr begehrt. Einerseits kannten sie sich in allem recht gut aus und waren deshalb weniger anstrengend, andererseits billigte man ihnen mehr Freiheiten zu, sodass man nicht dauernd ihre Mütter auf dem Hals hatte. Der Onkel, von Eifersucht geplagt, wenn er sie auch nicht zeigte, horchte mich dann ganz gern ein wenig aus. Kommt der neue Onkel oft zu Be-

such, geht meine Mutter viel aus, steht vielleicht ein neuer Vater ins Haus? Ich schüttelte heftig den Kopf. Und weil ich schon damals ahnte, dass Männer noch eitler sind als Frauen und in dieser Richtung jedes Kompliment fressen, rief ich: »Niemanden liebt sie so wie dich!«

»Nun ja«, sagte der Onkel höchst zufrieden, »weißt du, wir haben schon in der Sandkiste zusammen gespielt.« Und dann ging er an den Flügel und spielte mit rauschenden Akkorden »Das sind die Tage der Rosen«.

Onkel Hasso war ein exzentrischer Mensch und empfand es als seine Pflicht, in diesen unerfreulichen Nachkriegszeiten – Kaiser weg, Landesfürsten ohne Land, Geld ohne Wert – seine oft die Köpfe hängen lassenden Gäste aufzumuntern. Nicht jeder konnte schließlich nach Berlin fahren, um sich in Nachtlokalen, Kabaretts und Revuetheatern zu zerstreuen. Onkel Hasso sprudelte nur so vor Einfällen. Er zeigte seinen Gästen Stummfilme von Dick und Doof und mit Gloria Swanson, einer berühmten amerikanischen Diva. Er ermunterte die Gäste zu lebenden Bildern, wobei er sich nicht scheute, alles ein wenig gegen den Strich zu bürsten, sodass er die nicht gerade elfengleiche Mamsell sich als Dornröschen mit Spindel präsentieren ließ. Er arrangierte Picknicks, Schnitzeljagden

durchs Schloss, Scharaden und Laienspiele. Er rezitierte berühmte Dichter, ermunterte gesanglich Begabte, ihr Können zu zeigen, wozu er sie auf dem Flügel begleitete, und übte kleine Theaterstücke ein. Das Personal hatte dadurch zwar mehr zu tun, denn es musste geräumt, dekoriert und genäht werden. Aber es war mit Begeisterung dabei und liebte die Abwechslung, ebenso wie die Gäste. Neben seinen vielen Begabungen – er war ein guter Reiter, Jäger, Klavierspieler, Organisator – beherrschte Onkel Hasso exzellent die Kunst des Schattenspiels, mit dem er besonders uns Kinder entzückte.

Theo, der Kriegshund, hatte ebenfalls eine Menge zu bieten, wenn natürlich auch nur auf seine spezielle Weise. Allein seine Biographie war schon interessant genug, und wenn Onkel Hasso uns davon erzählte und auf welche Art und Weise er ihn kennen gelernt hatte, hörte jedermann gebannt zu. Der Hund war das Geschenk eines russischen Offiziers, dem Onkel Hasso das Leben verdankte und der dann dadurch selbst in die Bredouille geriet. Der Onkel war in Feindesland auf Patrouille, als ihn etwas traf, was ihn ohnmächtig vom Pferd fallen ließ. Glücklicherweise war die ihm bestimmte Kugel am Helm abgeprallt, aber der Schlag war kräftig genug, um ihn außer Gefecht zu setzen. Als er

wieder zu sich kam, war er umringt von russischen Soldaten, die ihre Bajonette drohend auf ihn richteten und ihm erst auf den Befehl ihres Offiziers hin wieder auf die Beine halfen. Der Offizier lachte. »Das war knapp, Kamerad«, sagte er in fließendem Deutsch. »Meine Jungen haben noch nie ein Monokel gesehen. Das hat Ihnen das Leben gerettet.«

Der Offizier brachte ihn zum Gefechtsstand, wo er von anderen russischen Offizieren überaus herzlich begrüßt wurde und ein fröhliches Saufgelage begann. Dabei erfuhr er auch einiges über den Hund, der neben dem Offizier saß und Onkel Hasso kritisch musterte. Er war anscheinend ein Geschenk des Zaren an diesen jungen Mann, angeblich sein Patenkind, und es waren Wunderdinge von ihm zu berichten. Onkel Hasso hörte staunend zu. Mit der Zeit wurde ihm allerdings zunehmend mulmig zumute, denn der »Feind«, der anscheinend vom Krieg ebenso die Nase voll hatte wie die meisten Deutschen, schien sich der Gefahr, in der er sich befand, gar nicht bewusst zu sein. Dabei hatte Onkel Hassos Kommandeur bestimmt längst eine zweite Patrouille losgeschickt, um nach dem Vermissten zu suchen. Und so hörte er nur mit halbem Ohr zu, wie der Russe mit zärtlicher Begeisterung seinen Hund anpries,

der es verstand, sich an Scharfschützen lautlos heranzuschleichen und sie mit einem kräftigen Biss außer Gefecht zu setzen, sich wie der Blitz lautlos und unauffällig durch die feindlichen Linien bewegte und eine mit Minen gespickte Brücke instinktiv erkannte und vor ihr warnte, indem er sich strikt weigerte, sie zu betreten. Seine edle Abstammung – die Rasse wurde extra für den Zaren gezüchtet – machte sich auch in einem verfeinerten Geschmack bemerkbar. Pferdefleisch ließ er voll Verachtung liegen, gar nicht zu reden von irgendwelchen angegammelten Resten. Ein wirklich hoch sensibler Hund, der, kaum hatte der Offizier diese Worte gesprochen, seinen sechsten Sinn unter Beweis stellte, indem er plötzlich durchdringend zu jaulen anfing. Ehe die etwas benebelten Gastgeber begriffen, was los war, waren sie bereits umzingelt und hatte sich die Lage für Onkel Hasso grundlegend geändert. Aber recht froh machte es ihn nicht, denn der nette Russe verlor sein Leben, und es erwies sich für den Onkel als außerordentlich schwierig, den trauernden Hund von ihm wegzulotsen und ihn mitzunehmen.

Das letzte Kriegsjahr verbrachte der Onkel im Stellungskrieg an der Westfront, und auch hier sorgte Theo dafür, dass sein Herr aus diesem

Schlamassel wieder heil zurückkam, indem er ihn mehrmals daran hinderte, den Kopf über den Grabenrand zu strecken und so ein Opfer von Scharfschützen zu werden. Er hatte ihn in Schlamm und Dreck gewärmt und ihm, wie seinem Herrn früher, als Kurier gedient. Ja, Theo war mehr als ein Held und hatte sogar mehrere Auszeichnungen bekommen, an deren augenblicklichen Verbleib sich der von uns bestürmte Onkel – denn wir wollten die Orden sehen – leider nicht genau erinnern konnte. Aber, wie er nicht oft genug versichern konnte, Theo war ihm das Liebste auf der Welt, und wir glaubten es ihm gern. Am Ende dieser Geschichte durfte Theo uns zeigen, was in ihm steckte, eine Leiter heraufklettern, flattrige, aufgeregte Hühner in den Stall jagen oder einen kleinen Handwagen ziehen. Wir bewunderten ihn sehr, obwohl er vielleicht manchmal in seinem Ehrgeiz ein bisschen zu weit ging, indem er Dinge apportierte, die wohl nicht so sehr für die Allgemeinheit gedacht waren, wie das beiseitegelegte Toupet eines älteren Gastes, der sich für ein kurzes Schläfchen in sein Zimmer zurückgezogen hatte und noch allgemein für sein dichtes Haar bewundert wurde, oder die Schachtel mit den Dragees, die Liebeskraft und Leidenschaft versprachen, und einen mit Hennessy gefüllten

Flachmann, an dessen Monogramm der Besitzer unschwer zu erkennen war.

Natürlich hatte der vielgeliebte, vielbewunderte Onkel Hasso auch seine Schattenseiten, wozu unter anderem gehörte, dass er sich gern vor Unangenehmem drückte und sich nur schwer entschließen konnte, reinen Tisch zu machen, wenn das Liebesfeuer bei ihm erloschen war. Und hatte er sich endlich dazu durchgerungen, suchte er sich die unmöglichsten Gelegenheiten dazu aus, zum Beispiel eine Beerdigung, wo er bei dem Spruch des Pastors: »Erde zu Erde, Asche zu Asche«, der Freundin zumurmelte, dass es nun nicht nur den armen Verstorbenen erwischt habe, sondern auch seine Liebe. Oder eine Hochzeit, bei der die sich schon heimlich als Verlobte Fühlende seine Tischdame war und seine abrupte Beichte ihr so auf den Magen schlug, dass sie auf das vielgepriesene Dessert der Mamsell verzichten musste, was diese ihr sehr übelnahm. Doch die Krönung war eine Bootsfahrt zu zweit auf dem Bodensee, zu der er die Unglückliche eingeladen und damit ihren romantischen Gefühlen erneut Nahrung gegeben hatte und die er doch nur als glänzende Gelegenheit ansah, ihr reinen Wein einzuschenken. Unprogrammgemäß gerieten sie dabei in einen Sturm, und während sich die Ahnungslose vol-

ler Angst an ihn klammerte, sagte er, sie mühsam festhaltend: »Das ist das letzte Mal, dass wir etwas gemeinsam unternehmen«, was es ja auch fast geworden wäre. Was ihn dazu brachte, so grausam zu sein, konnte niemand enträtseln. Onkel Hasso war eben manchmal ein tiefes Wasser, ebenso wie Theo, den der Förster zu seinem sprachlosen Entsetzen dabei ertappte, dass dieser Hund, der normalerweise an keinerlei Wild Interesse zeigte, plötzlich und aus heiterem Himmel einen jungen Hasen riss und ihn vor seinen Augen verschlang.

Meine kindliche Zuneigung zu diesem Onkel verwandelte sich, als ich fünfzehn war, von einem Tag auf den anderen in eine rasende Verknalltheit. Glücklicherweise merkte meine Mutter nichts davon, weil sie selbst mit dem Thema Liebe sehr beschäftigt war, und als ich unbedacht begeistert sagte: »Weißt du, Mami, Onkel Hasso ist einfach himmlisch« und dabei knallrot wurde, machte sie das nicht stutzig, sondern sie sagte nur, ganz damit beschäftigt, ihre Sommergarderobe zu mustern: »Mir schäkert er ein bisschen zu sehr mit euch Küken herum.«

Onkel Hasso dagegen bemerkte sofort, was die Glocke geschlagen hatte, meine Befangenheit, mein Sichaufspielen in seiner Gegenwart, mein albernes Gekicher, und fand es anschei-

nend höchst interessant, meine Gefühle noch zu schüren. Er behandelte mich zuvorkommender als sonst und mit all jenen Artigkeiten, die er normalerweise an Kinder nicht verschwendete. So legte er mir eine Rose auf den Frühstücksteller, bot mir eine Zigarette an, nahm sachte meine Hand, um einen Kuss daraufzudrücken, und legte häufiger als sonst den Arm um meine Schulter, was Theo mit einem missbilligenden Knurren beobachtete. Wenn ich mir jetzt die wenigen geretteten Fotos von damals betrachte, kann ich nur staunen, denn ich war ein etwas pummeliger Backfisch mit teigigem Gesicht, zwei dünnen Zöpfen, einem schlecht sitzenden Büstenhalter, und meine dürren Beine endeten in zwei außerordentlich großen Füßen.

In diesem bemerkenswerten Sommer war meine Mutter häufig abwesend. Aber abgesehen vom Personal, das seine Augen überall hatte, sorgte schon Theo, die männliche Anstandsdame, dafür, dass sich des Onkels Verhalten in gewissen Grenzen hielt, was dem inzwischen schon etwas kurzatmig und taperig gewordenen Hund bei den vielen Treppen nicht ganz leicht fiel. Doch er kannte seine Pflichten. Wenn wir uns in seiner Gegenwart auf Bänken und Sofas, beabsichtigt oder unbeabsichtigt, zu nahe kamen, drängte er sich energisch dazwischen, und

auch trauliche Spaziergänge zu zweit duldete er nicht. Vergeblich versuchte der Onkel ihm ein Schnippchen zu schlagen, aber durch welche der vielen Türen wir das Schloss auch verließen, Theo war zur Stelle. Er fand uns überall, im Park, im Stall, in der Bibliothek oder im Weinkeller. In diesen Momenten hasste ich Theo, aber der Onkel zeigte weiterhin ein gewisses Verständnis, streichelte ihn und sagte: »Na, Theo, für dich gilt wohl auch die Devise: Dabeisein ist alles.« Trotzdem versuchte er, ihn loszuwerden, und benutzte die gute Gelegenheit, ihn, als er uns durch die oberen Stockwerke folgte, in einem abgelegeneren Raum einzusperren. Doch unser Glück war nur von kurzer Dauer. Theos rasendes Bellen rief den Diener herbei, der ihn wieder herausließ. Im nachhinein glaube ich, dass der Onkel Theo eher dankbar dafür war. Schließlich war ich noch ein halbes Kind und dazu die Tochter seiner besten Freundin. Auch hatten die anderen Gäste natürlich längst bemerkt, dass ich ihn anhimmelte.

Mir genügte, was er mir bot, und für mich wurde es der schönste Sommer meines Lebens, bis die Rückkehr meiner Mutter der Idylle ein Ende bereitete und Onkel Hasso sich beeilte, das Rad zurückzudrehen, und sich wieder in den netten lupenreinen Onkel verwandelte. Ich

nahm es betrübt zur Kenntnis, und als Trost verriet er mir sein größtes Geheimnis und ließ mich alle Eide dieser Welt schwören, es nie irgendjemandem zu verraten, was mich mit großem Stolz erfüllte. Aber es war weniger der Schwur, der meine Lippen versiegelte, sondern eher meine inzwischen nicht mehr ganz so arglose Mutter. Sie tat alles, um das Feuer zu löschen, und das auf eine für mich wenig angenehme Weise, sodass mir kaum Zeit blieb, mich meinem Liebesschmerz hinzugeben, und Theo ins Hintertreffen geriet. Nach Berlin zurückgekehrt, sorgte sie nämlich dafür, das Blühende in mir durch fleißiges Lernen, Helfen im Haushalt und gute Taten, zum Beispiel als Vorleserin einer alten Tante, zu ersticken. Die Tante liebte Romane von Thea von Harbou, und ich las:

»Kate hatte den Arm aufs Knie gestemmt und ihr Kinn in die Hand gelegt.
›Soll ich nun sprechen?‹, fragte der Mann behutsam.
›Ja, ja.‹
›Ich glaube, Sie lieben Ihr Vaterland sehr, Miss Kate, nicht wahr?‹
›Weiß Gott.‹
›Sie lieben es, weil Sie an seine Zukunft glauben. Ist es das?‹«

Die Tante griff nach dem Taschentuch, und mir ging es beim Gedanken an Onkel Hasso wie Wilhelm Buschs frommer Helene: »... wenn's irgend möglich ist, so komm und trockne meiner Sehnsucht Tränen. Zehntausend Küsse von Helenen.« Die Zukunft des Vaterlandes war mir, ehrlich gesagt, ziemlich schnurz. Dazu kamen noch die öden Nachmittage, wenn Mama ihre Bridgedamen versammelte und ich dazu ausersehen wurde, mit liebenswürdigem Lächeln Gebäck und Getränke anzubieten. Natürlich konnte ich es nicht lassen, dem Onkel einen zwar harmlosen, aber doch mit vielen Anspielungen gespickten Brief zu schicken, auf den ich nie eine Antwort bekam. Zwar hatten auch wir ein Telefon, aber das ohne Erlaubnis zu benutzen hätte ich nie gewagt.

Den nächsten Sommer verbrachten meine Mutter und ich bei einem unserer zahlreichen Verwandten auf dem Lande, wo sich auch andere Kusinen und Vettern fröhlich die Zeit vertrieben. Ich war nun nicht mehr ganz so pummelig, konnte stolz endlich den gewünschten Bubikopf vorzeigen und schien im Ganzen ansprechender zu wirken, was vielleicht daran lag, dass ich Tanzstunde gehabt hatte und auf diesem Gebiet, wie die Vettern fanden, durchaus talentiert war. Es wurden sehr vergnügte Wochen, die mich

zwar den Onkel nicht ganz vergessen ließen, aber meine Sympathie doch in das normale Maß zurücklenkten. Bis ich das erste Telegramm in meinem Leben bekam, in dem es hieß: »Mein über alles geliebter Theo ist tot. Beerdigung morgen. Schicke dir den Wagen.«

Meine Mutter schüttelte den Kopf. »Nur exzentrisch kann man das ja wohl kaum noch nennen.« Aber sie erlaubte mir, an der Beerdigung teilzunehmen.

Onkel Hassos Gut lag zwar nicht gerade um die Ecke, aber für ein Auto war es kein Problem. Pünktlich näherte sich der schwarze Horch mit einem Chauffeur in Livree dem Schloss meiner Verwandten. Schon allein diesen Anblick fand ich pyramidal, und einer meiner Vettern sagte zu meiner großen Freude neiderfüllt: »Mann, hast du ein Schwein, in so einem Schlitten möchte ich auch mal fahren.« Dummerweise erlaubte meine Mutter mir nicht, ein von einer älteren Kusine geerbtes, großzügig ausgeschnittenes schwarzes Glitzerkleidchen zu tragen, das mir mit meinem leicht lockigen Bubikopf, wie ich fand, große Ähnlichkeit mit der Filmschauspielerin Lilian Harvey verlieh. Und auch die dazugehörigen Pumps wurden mir nicht bewilligt. So war es denn ein dunkelblaues, sittsam langärmliges Bleyle-Kleid mit weißem Krägelchen,

in dem ich mich mit weißen Söckchen und festem Schuhwerk Größe zweiundvierzig bedripst ins Auto schlich, und zu allem Überfluss sagte meine Mutter noch zu dem Chauffeur: »Sagen Sie dem Herrn Baron, ich möchte meine Tochter spätestens um neun Uhr wieder zu Hause sehen.« Der Chauffeur tippte mit einem Nicken an seine Mütze und fuhr los.

Onkel Hasso brachte es tatsächlich fertig, die Beerdigung eines Hundes zu einem gesellschaftlichen Ereignis zu machen, von dem man in der Gegend teils amüsiert, teils auch befremdet noch lange sprach. Immerhin, gab man zu, Theo war ein außergewöhnlicher Hund, ein Kriegsveteran sozusagen, mit einem Orden ausgezeichnet, der dummerweise nach wie vor nicht aufzufinden war. Als ich das Schloss betrat, waren bereits eine Menge Leute versammelt, unter denen ich mir ziemlich verloren vorkam. Auch Onkel Hasso war mit dem reibungslosen Ablauf der Beerdigung zu sehr beschäftigt, um sich um mich zu kümmern, und fand nur ein paar freundliche Worte für mich.

Theos letzte Ruhestätte lag unter einer schattigen Eiche, nicht weit von jener Bank, auf der wir für Theos Geschmack zu dicht beieinander saßen. Daran musste ich denken und wie ro-

mantisch alles gewesen war, natürlich auch an den sich ständig flöhenden Theo, und ich merkte zum ersten Mal in meinem Leben, was das Wort »vorbei« bedeutet. Der Onkel sprach ein paar bewegende Worte, und der Förster blies zum Abschied das Signal: »Jagd vorbei.« Onkel Hasso bekam nasse Augen, und auch unter den Gästen wurden die Taschentücher gezückt.

Wie immer bei Beerdigungen, ging es anschließend beim Leichenschmaus sehr angeregt zu, wozu wahrscheinlich auch der reichlich ausgeschenkte Sekt der Witwe Clicquot beitrug. Zum Abschluss klopfte Onkel Hasso an sein Glas und verkündete uns eine Überraschung, verließ den Speisesaal und kam wenige Minuten später mit einem wuscheligen Etwas auf dem Arm zurück, das er uns als Theo den Zweiten vorstellte, einen trotz seiner Jugend schon recht kiebigen Welpen, dem deutlich die edle Abstammung anzumerken war. Es gab anerkennenden Beifall. Bevor die Gäste aufbrachen, wurden sie vom Hausherrn noch einmal in die Ahnengalerie gebeten, wo zwischen in Öl festgehaltenen Vorfahren nun auch Theo hing. Von einem bekannten Maler porträtiert, blickte er uns würdig an. Während Onkel Hasso und ich gemeinsam einige nachdenkliche Minuten vor dem Bild des Toten verbrachten und der Onkel seinen Arm

mehr zerstreut als zärtlich um mich legte, kehrte der alte Zauber zurück. Plötzlich fiel mir wieder das Geheimnis ein, das er mir anvertraut hatte. Ich drückte sanft seinen Arm, und mit einem eher verlegenen als verschwörerischen Lächeln, denn irgendwie kam mir das Ganze jetzt reichlich albern vor, sah ich ihn an und legte meinen Finger auf die Lippen, was er verdutzt zur Kenntnis nahm. Aber schnell wandte er sich wieder seinen Gästen zu, und ich wurde ins Auto verfrachtet und zu meiner Mutter zurückgebracht.

Mein weiteres Leben hätte man in meiner Generation als »ohne besondere Vorkommnisse« bezeichnet. Meine Hochzeit fand kurz vor dem Einmarsch in Polen statt, ich bekam eine Tochter, mein erster Mann fiel, und auch meinem zweiten gab das Leben keine Chance. Ich machte noch die Bekanntschaft von Theo dem Dritten, dann wurde meine Verbindung zu dem Onkel von der näherrückenden Front unterbrochen. Als ich ihn zum letzten Mal sah, den Patenonkel meiner Tochter, meinen Mädchenschwarm, war er ein kranker Mann geworden und deshalb von der Wehrmacht entlassen. Aber zuhören konnte er immer noch, wunderbar Klavier spielen und die verrücktesten Geschichten erzählen. Er verschwand bei Kriegsende wie das Schloss, das in

Flammen aufging, und mit ihm eine Welt, in der er, wie die Nachbarn fanden, ein seltsamer Paradiesvogel gewesen war, charmant, witzig, großzügig, aber doch irgendwie reichlich merkwürdig. Theo der Dritte trat übrigens noch in die Pfotenstapfen seines Großvaters: er wurde Soldaten, die das Augenlicht verloren hatten, als Blindenhund zugeteilt. Theo der Vierte landete bei Freunden von mir, die nach Irland auswanderten und dort eine Hundezucht begannen. Sie brachten mir vor Jahren meinen Theo mit. Mit ihm schließt sich für mich der Kreis.

Um seine Zukunft muss ich mir keine Gedanken machen, was ja in meinem Alter durchaus angebracht wäre. Frau Kruse hat mir fest versprochen, für ihn zu sorgen. Auf Frau Kruse kann man sich verlassen, sie hält noch viel von Zuverlässigkeit, Pünktlichkeit und Ehrlichkeit, und gerade wir Älteren, hat sie gesagt, sollten ein Zeichen setzen, wobei sie wohl mein Alter kaum gemeint haben kann, denn ich bin ihr ein halbes Jahrhundert voraus.

Während ich so mit Theo durch den Park stolpere, um mir auf den Bänken meine Zuhörer zu suchen, wobei mein Redefluss immer häufiger von einem klingelnden Handy des Opfers unterbrochen wird, fällt mir plötzlich siedendheiß ein, dass am Spätnachmittag meine Tochter Do-

rothee kommen will, die schnell gekränkt ist, wenn sie mich nicht in froher Erwartung vorfindet. Ein Blick auf meine Uhr sagt mir, dass ich mich beeilen muss, um pünktlich zu sein. Mit dem unwilligen Theo an der Leine mache ich mich hastig auf den Rückweg und erreiche gerade noch den rettenden Hafen. Zehn Minuten später erscheint Dorothee, und ich sehe ihr an, dass das ein ungemütlicher Besuch werden wird. Und da legt sie auch schon los. »Mama«, sagt sie mit Betonung auf der ersten Silbe und hat wieder dieses entrüstete Tremolo in ihrer Stimme, sodass Theo sich in sein Körbchen verzieht. »Mama, warum tust du so was? Ich hab mich ja halb zu Tode geschämt, als ich davon gehört habe.«

»Was denn?«, frage ich unbehaglich, denn die Fehler der Mütter sind für die Töchter ein Alptraum und verdienen nicht dieselbe Nachsicht wie die der eigenen Kinder.

»Warum erzählst du überall rum, dass Theo vom edelsten Blut ist, wie du es nennst, und seine Vorfahren am Zarenhof sozusagen von goldenen Tellern gespeist haben? Du hast Theo aus dem Tierheim geholt, tu nicht so, als wenn du das nicht mehr weißt! Warum kannst du nicht einmal bei der Wahrheit bleiben und alles so erzählen, wie es passiert ist?«

Meine Tochter hat es sehr mit der Wahrheit, und ausgerechnet dieses arme Kind ist mit einer Mutter belastet, die der Phantasie den Vorzug gibt. Meine arme Dorothee, die stramm auf die sechsundsechzig zugeht, pflichtbewusst, zuverlässig und immer zur Stelle, aber im Beruf zu gutgläubig und in der Liebe zu nüchtern, ein Kriegskind eben, dem statt eines über die Wiesen hoppelnden Osterhasen ein Tiefflieger entgegenbrauste und das den Christbaum als Leuchtzeichen feindlicher Bomber am Himmel kennen gelernt hat. Sie ist nie so ganz von mir losgekommen, ungerecht behandelt fühlte sie sich von Kindesbeinen an. Aber die Zeiten waren nun mal hart. Ich konnte sie doch unmöglich in der Flüchtlingsbaracke auf der Matratze, wenn Alt und Jung versuchten, Schlaf zu finden, die halbe Nacht »Dornröschen war ein schönes Kind« singen lassen und auch nicht dulden, wenn sie eines der wenigen Klos zur Puppenstube umfunktionierte.

»Du und deine Wahrheit«, sage ich. »Erzähl zehn Leuten dein Leben, und jeder wird sich die Dinge anders herauspicken.«

»Na ja«, sagt meine Tochter. »Ich werd hier jetzt erst mal ein bisschen Ordnung machen. Die alten Zeitungen können doch wohl weg.«

Ich nicke und denke, vielleicht ist ja Onkel

Hasso damals nicht umgekommen, sondern ein rescher weiblicher Offizier der roten Armee hat ihn, von seinem Charme entzückt, mit nach Russland geschleppt, damit er dort seine Geschichten erzählt, vor allem von Theo, dem Kriegshund, von dem nur ich weiß, auch wenn ich es gern vergessen würde, dass er keineswegs in einem kaiserlichen Palast geboren worden ist, sondern vierundzwanzig Stunden am Tag, angekettet, verdreckt und verkommen, einem russischen Bauern als Hofhund diente, bevor ihn der Onkel mitnahm und dressierte. Er war zwar mit dem Onkel im Feld, aber einen Orden hat er wohl ebensowenig bekommen wie Theo der Zweite bis zu Theo dem Vierten seine Nachkommen waren. Aber einer Sache bin ich mir ganz sicher: Die Geschichte mit dem russischen Offizier und dem Monokel ist auf jeden Fall die reine Wahrheit.

Dorothee bleibt nicht lange. Als sie gegangen ist, plagen mich Schuldgefühle. Das arme Kind, nun selbst auf dem Weg zur Greisin und immer noch die Mutter am Hals. Theo schmiegt sich tröstend an mich, meine Tränen tropfen auf seinen Wuschelkopf. Er sieht mich liebevoll an, und sein Blick scheint zu sagen: »Keine Bange, Rasse hin, Rasse her, Hunde sind in Zukunft die seelischen Zivis bei euch Alten.« Und dann

bringt er mir die Haarbürste. Ich weiß sofort, was er damit sagen will: »Zeit für dich, mal wieder dein Haar zu richten.«